Para

———————————————

De

———————————————

Fecha

———————————————

CONVERSANDO CON LA ABUELA

Dra. Victoria Barahona

al mal tiempo buena cara

de tal palo tal astilla

Las citas de las Escrituras utilizadas han sido tomadas de la Santa Biblia: Reina Valera 1960, La Nueva Versión Internacional 1999, 2015, Traducción Lenguaje Actual y Dios Habla Hoy.

Diseño Interior: Waldemar Mercado
Publicación en Amazon: Waldemar Mercado

Arte gráfico: Iván Vera
Graficas de interior: Waldemar Mercado, Victoria Barahona y Iván Vera

Conversando con la Abuela

Publicado en español

ISBN: 9798868330414

Publicado por:
inspiracion.casa editorial@gmail.com
autorwaldemarmercado@gmail.com

Agradecimientos

*Así como Abraham, en su vejez, ofrendó en el altar de Dios a su amado hijo Isaac, hoy pongo en el altar esta pequeña ofrenda a mi **Padre Dios**, a mi **Señor Jesucristo y al Espíritu Santo**, como muestra de mi Amor y Gratitud por todo lo que hicieron y hacen en mi vida.*

*Mi profundo agradecimiento a mi Dios, Señor y Padre Celestial por inspirarme y motivarme para escribir esta sencilla obra, donde expongo parte de mis experiencias, con el sincero anhelo que llegue a ser de mucha ayuda para el crecimiento de las personas mediante el buen uso del poder de la boca para hablar siempre palabras de aliento, de vida y bendición como un estilo de vida fluyendo naturalmente en sus vidas y familias, que les permita vivir día a día la plenitud del Poder de **Dios** ¡Gloria al **Señor**!*

Gracias a mi querida familia: hijos, nietos, sobrinos, hermanos en la fe y amigos por su apoyo y ánimo para empezar y concluir este sueño hoy hecho realidad.

Gracias a los amigos de ayer, hoy y siempre por el aporte de sus testimonios de vida que han ayudado a conocer diversos aspectos de la vida y enriquecer mis conocimientos sobre la idiosincrasia humana que me sirven y servirán como lecciones de vidas. Y en este grupo deseo hacer un énfasis especial a Ismael Espinosa, amigo de corazón, hermano en Cristo y el "primer nieto adoptivo", quien, al conocerme, casi de inmediato me dijo: Quiero que seas mi abuela y deseo hacer el programa de Consejería vía internet: "Conversando con la abuela" y junto a su amigo Elvis Díaz semana a semana venían a mi casa con aparatos para filmar y grabar. Gracias porque ese fue el comienzo de este proyecto.

Gracias a Licenciada Rebecca Cedeño, Pastora Sabrina Florencio, Apóstol Christian Pauta. Con inmensa gratitud a mis sobrinos nietos Iván Vera, diseñador gráfico, y a Miguel Barona, canta autor de la canción lema de esta obra. A mi hija Vicky

Merchán por su ayuda en la elaboración de este libro. Que Dios multiplique las bendiciones en sus vidas.

Mis sinceros agradecimientos al Pastor Waldemar Mercado por su magnífica guía y minucioso trabajo en la edición de la presente obra mediante La Casa Editorial Inspiración, bajo su dirección,

Gracias a la Iglesia del Señor por sus oraciones llenas de fe y esperanza que me estimularon a continuar y llegar a la meta a pesar de mi edad y dolencias e imposibilidades físicas, que a veces parecía que me quedaba en el camino. ¡¡Dios los continué bendiciendo!!

Dedicatoria

Honrando y Glorificando Su Nombre, le dedico a **Dios Todo-Poderoso**, este fruto de mi amor por ÉL y por Su Pueblo.

Dedico esta obra como incentivo para que JESUCRISTO, sea siempre el centro de sus vidas, a mis hijos: Vicky, Katherine, Mario, Viviana, Ester y Eddie por su amor y respeto. A mis nietos: Manny, Ryan, Michael, Daniela, Jaime Daniel, Joel Emilio quienes, con su apoyo, aliento, amor, ejemplo y bendición, me alientan a avanzar hacia la meta.

Con mucho amor y respeto a la memoria de mis padres Víctor Barahona y Angela Latre, quienes impartieron principios y valores en mí y a todos y cada uno de mis hermanos: María, Hilda, Fausto, Ángel y Abel, a cuyas memorias también dedico la presente obra.

Para todos los Abuelos y Nietos de la Tierra para que juntos puedan reconstruir los lazos de amor, confianza e interacción entre generaciones, evitando se forme la brecha de generaciones y se restaure la unidad familiar.

Con gran amor y respeto a las generaciones presentes y futuras de hombres y mujeres para que conozcan y disfruten de valores como sabiduría, moral, inteligencia, prudencia, perspicacia, etc., de las generaciones pasadas, que fueron el manual de enseñanzas verbales de abuelos a nietos y de padres a hijos.

Dedico a los apreciados Consiervos fraternos con los que hemos crecido juntos y aprendido mutuamente. A todos los diferentes Ministerios que han contribuido a mi formación Ministerial; muy especialmente a Casa de Oración y Restauración **Emanuel** y Ministerio 911. Con gran admiración a los Pastores John y Zorayda Viveros y a nuestra cobertura Apóstol Roberto Comesaña de *"La Vid Verdadera"*.

Contenido

Prologo

"Nuestro destino está marcado"

Muchos usan frases hechas que hablan sobre el futuro y la poca influencia que tenemos nosotros sobre eso, porque —como dice el dicho: *"Cuando te toca, aunque te quites... y cuando no, aunque te pongas"*—. Por otro lado, uno de los ejercicios que realizan los entrenadores a deportistas de alto nivel es *"imaginar"* piden que el deportista se visualice ganando una competencia, metiendo un gol, ganando una maratón... Esto debido a que *"no puedes ir a ningún sitio que no hayas imaginado antes"*, las expectativas permiten mantener el sueño vivo; después de todo, ¿Qué es la vida sin nuestros sueños?

Es por eso que las palabras toman un papel fundamental, porque cuando recibimos o entregamos una palabra de bondad imaginamos cosas buenas, nuestro corazón se mantiene en calma y nos creemos capaces de afrontar el *"destino"* o de forjar nuestro propio camino —para mí, ambas cosas tienen un poco de verdad. Sin embargo, las palabras negativas desvanecen nuestros sueños y expectativas sobre hacia dónde queremos ir, incluso si las cosas empezaban a ir bien, una palabra de desaliento nos hace dudar sobre el futuro.

¿Se me ha ocurrido a mí? Por supuesto que no. Ni a la autora de este libro. La verdad de las palabras es un arte que se viene desarrollando mucho tiempo atrás. Sin embargo, la Pastora Victoria ha abierto su corazón y su mente a descubrir como algo tan *"inofensivo"* y cotidiano como los refranes pueden hacer tanto daño o ser de muchísima bendición según el enfoque que le demos.

He tenido el privilegio de descubrir estas páginas antes que ustedes queridos lectores, y he de decir que ha sido de bendición sobre mi vida. En estas páginas encontrarás un détox de aquellas cadenas que sutilmente nos ataban y de esa venda que nos llevaba justamente al sitio al que no queríamos ir y que, sin embargo, debido a nuestra ceguera, volvíamos una y otra vez.

Te invito a revelar frase a frase, un nuevo camino y una nueva visión. Pero, sobre todo, a sembrar palabras que se mantengan fieles al corazón de Dios, ya que es la única manera de cosechar esa palabra profética que nos levante y nos eleve al destino que anhelamos en Cristo Jesús. Oro para que puedas compartir este libro con tu familia, y puedan leerlo juntos, para de esa forma cortar con aquel *"mal generacional"* que escuché alguna vez cuando estuve *"Conversando con la abuela"*.

Por: Jessica Cedeño

Introducción

Este libro es escrito para ayudarnos a conocer y reconocer el poder y autoridad que el Señor nos concedió al crearnos a su imagen y semejanza, dándonos el don de hablar palabras con sentido y propósito para atraer y establecer un legado bueno a nuestras vidas, trabajo, estudios, comunidad, naciones, etc. **Proverbios 18:21** que *"La muerte y la vida están en poder de la lengua"*.

Efectivamente, Dios nos dio el poder de crear con nuestra boca; así que si hablamos conforme a Su Palabra podremos producir vida y cosas buenas. Más, si hablamos según nuestros sentimientos o emociones, o circunstancias, tradiciones, redes sociales o medios de información, etc. que no esté alineado a la palabra de Dios, sin lugar a duda, nos traerán cosas negativas, destrucción y muerte.

Sin embargo, este no se trata de un libro de Positivismo o auto-ayuda, ya que, si no se tiene buen conocimiento de la Palabra de Dios y de su Voluntad, se tiende a caer en doctrinas humanistas, como la *"Confesión Positiva y el Positivismo"* que nada tiene que ver con las enseñanzas de la Palabra de Dios.

En este libro tratamos de alcanzar los siguientes objetivos:

- **Demostrar que el Poder de nuestras palabras es Muy importante**. La Biblia enseña que hay una relación estrecha entre las palabras que decimos y lo que vivimos y aun lo que nos llega a suceder en la vida. Por el gran poder encerrado en el órgano pequeño llamado lengua, podemos **bendecir o maldecir** nuestra vida, a nuestras generaciones y a la humanidad en general.

- **Enseñar que los seres humanos tenemos:** gran responsabilidad de lo que decimos y cómo lo decimos; del cuidado que debemos tener al hablar, discutir, cantar, declamar, etc. Pues con las palabras podemos **dar o quitar vida - edificar o destruir - sanar o herir.**

- Analizar algunos refranes y dichos populares que desde generaciones ha venido circulando *"de boca en boca"*; por tradición, costumbre o folklore, verificándolos a la luz de la Biblia para corroborar las promesas y bendiciones de Dios para los seres humanos.

- **Entrenar para Aprender y Enseñar a controlar las palabras** para que obren a nuestro favor, relacionándolas con la Palabra de Dios como un estilo de vida, fluyendo siempre con bendición hablada, saturada de palabras positivas, de vida y aliento para llevarnos a una vida de victoria.
- **Fomentar y restablecer el diálogo familiar,** entrelazando con respeto, armonía y alegría a las generaciones de adultos con las de los jóvenes, para que redunde en el aprendizaje y edificación mutua, combinando la sabiduría de los ancianos y la fresca actualización de la juventud.

Presentación

Cuando yo era niña me gustaba escribir ensayos, novelas rosas, poemas y escritos en prosa. Pero, por ciertas situaciones de la vida, dejé de hacerlo y aquel talento parecía que se había disipado. Sentí de parte del **Señor** que tenía que volver a escribir; le comenté dicha inquietud a mi hija Vicky. Enseguida nos pusimos en oración y sentimos la dirección del **Señor** de hacer algo que pudiera enseñar acerca del poder que hay detrás de las palabras según la definición bíblica.

Entonces pensé que ese tema ya lo han hecho muchos ilustres escritores. Sentí la orientación de Dios acerca de analizar lo que hablamos a diario. Y Él me puso a mi primero, a repasar y auto examinar la forma como me expreso y lo que digo en mi lenguaje cotidiano ¿Y saben una cosa? Que me di cuenta de que casi siempre, aunque sea una vez al día, me refería a alguna situación de algo o de alguien con algún dicho o refrán que se me venía a la mente, y que durante años lo había escuchado en mi hogar, lo cual, para mí, representaba una verdad irrefutable, calificándola como veraz con la repetida frase y típica expresión: *"Como decía mi mamá"*. Por tal razón, pensé que este libro debía llevar el título: **"Como decía mi mamá"**. Pero, Dios dijo ¡**Espera**! Pasaron muchos meses, casi dos años, donde estuve inactiva por crisis, dificultades, enfermedades, aflicciones, etc. que me sacaron aparentemente del propósito.

En la época de la pandemia del COVID-19 estuve aislada; y posteriormente tuve una cirugía en la columna vertebral que me impedía caminar, sentarme a escribir, pérdida parcial de la memoria, por lo que se me fue olvidando el tema. De vez en cuando **Dios** me traía a memoria algunos refranes dichos por las abuelas de antaño. Aunque a mí, se me hacía raro relacionar a los refranes de ayer con las madres de hoy, pues la mujer contemporánea del Siglo 21 no encaja dentro de ese estereotipo. Hoy, muchas de ellas son profesionales que conocen y manejan la tecnología; son autosuficientes y muy poco hablan con refranes o dichos del ayer.

Paralelamente a ese sentirme desorientada, me mantenía siempre con el deseo de compartir la Palabra en forma original, sencilla y con un lenguaje asequible a personas de toda condición y edad, por lo que inicié por internet un programa de corta duración, de enseñanza práctica, con los refranes de las abuelitas clásicas y lancé el programa **"CONVERSANDO CON LA ABUELA"**, el cual fue bien aceptado por el público.

Sentí la aprobación del SEÑOR, quien me dijo suavemente: *"La gente necesita Abuelas"*. La sabiduría de los ancianos es muy útil para los jóvenes. Le propuse a mi SEÑOR, que considerara el nombre *"Conversando Con La Abuela"* para el libro, y dijo: *¡me gusta!*

Y entonces, con la convicción del respaldo del Señor, me puse *"Manos a la Obra"*, convencida que la lectura de esta obra nos ayudara a: Filtrar a través de la Palabra de Dios los dichos y refranes populares y rectificar las palabras de maldición; y así lograr cambiar las situaciones de nuestras vidas y las de muchas otras personas, familias, comunidades y naciones. Y, sobre todo, aprender y entrenar el uso de la lengua para saber si decir o repetir *"inocentemente"* aquel refrán *"como decía mi mamá"* ¡Perdón! O que alguna vez escuché cuando estuve **"Conversando con la Abuela"**.

Capítulo I

¿"UNA SOCIEDAD DESABUELIZADA"?

Con mucho respeto, me tomé la libertad de hacerle una encuesta a unos jóvenes, basado en esta pregunta: ¿Tú crees que los jóvenes de hoy necesitan a los abuelos y que aprecian su rol de consejeros y amigos? Y algunos jóvenes me dieron estas interesantes respuestas, que reflejan la verdad de la sociedad actual que parece está yéndose a la *"desabuelizacion"*, o sea a no relacionarse con sus abuelos. ¡Perdón! Me inventé esa palabra: (**des-abuelos** o sea Sin abuelos). Veamos si es solo una hipótesis lo que muchos llaman la **brecha generacional**, o hacia allá apunta.

Uno dijo: Depende de la clase de joven, hay unos que son muy sociables que pueden relacionarse con diferentes tipos de personas, edad o cultura. En cambio, otros son muy reservados que ni entre jóvenes conversan y más aún si no se conocen bien. También depende de la formación familiar y del lugar de origen. No es lo mismo la forma de pensar y actuar de las personas de países hispanos pequeños donde se convive con la familia y la opinión de los mayores es muy respetada a los que se escucha con atención, admiración y respeto, y se aprende de la experiencia y sabiduría de ellos.

En cambio, los jóvenes de los grandes medios, urbanos, viven y luchan para sobrevivir en un sistema complicado y tienen que sobrevivir por sus propios medios. Los jóvenes en la actual cultura norteamericana quieren ser libres. Pronto se independizan, viven y comparten habitación, trabajo, estudios y la misma vida con gente realmente desconocida. La familia de los jóvenes actuales es la gente con la que conviven, y no necesariamente son de su propia sangre. También los nietos que nacieron en otro país no valoran ni conocen a sus abuelos, por tanto, no los extrañan. Hay indiferencia en la relación, No hay una regla.

Otro dijo: Generalmente, los abuelos, tienen más tiempo libre que nuestros padres, muchos ya están jubilados, no tienen que cuidar hijos o hacer labores en casa y eso es una ventaja a favor de los nietos porque tienen mayor espacio para escuchar, para dialogar, lo cual es bueno siempre y cuando se conozcan y tengan amistad con ellos; entonces así es más fácil conversar.

Un joven se expresó así: la sociedad actual ve los adultos mayores como un impedimento o un estorbo para el desarrollo de las vidas y por eso se acostumbra a enviar a los ancianos a asilos o casas de reposo. Los hijos de esos padres ven ese comportamiento y lo asumen como normal y es probable que así se van a comportar con sus mismos padres cuando envejezcan y sean abuelos. Creo dijo que los padres y las madres deben inculcar, enlazar, interconectar o relacionar a sus hijos con sus padres y abuelos.

Conclusión: Opino que estamos desaprovechando la bendición de la sabiduría de los abuelos. Ellos están calificados para el rol de consejeros, por su experiencia, porque tienen más tiempo para sentarse y escuchar, especialmente en una familia donde los padres trabajan. Mirando así, considero que si estamos sí estamos camino a la desabuelización, influenciada por el entorno en el que crecimos, lo aprendido e imitado a lo largo de la vida.

Todo lo absorbimos como esponja cuando fuimos niños y ahora, inconscientemente, pensamos y actuamos también así, con lo cual, y sin darnos cuenta estamos adoptando y perpetuando una pobre relación y comunicación con los adultos mayores, por lo que estamos perdiendo de oír y aprender consejos sabios, producto de la experiencia de sus canas. Recuerde: **¡Quien no oye consejos, no llegará a viejo!**

Capítulo II:

¿ESTAMOS LISTOS PARA CONVERSAR CON LOS NIETOS?

Es importante y muy interesante auto examinarnos para saber si estamos preparados para relacionarnos y conversar con los jóvenes y chicos de las generaciones de la actualidad; y en caso de que sea difícil el acercamiento, tenemos que prepararnos para saltar la brecha de generaciones y/o tender puentes para entrelazarnos nosotros los adultos mayores con los niños, adolescentes, jóvenes y adultos jóvenes que hablan y tienen forma de vestir muy diferente a nosotros; que poseen metas, retos, desafíos y problemas distintos de los que nosotros vivimos a la edad de ellos. Si bien puede parecer que sus nietos pertenecen a un mundo distinto con el cual usted no tiene nada que ver, no minimice su capacidad de conectarse.

Preparemos el **oído** y **corazón** para escucharlos. Tener un oído que no oiga solamente, sino que también escuche y entienda a los adolescentes y comprenda lo que les pasa. Pregunte sin ansiedad y escuche las respuestas con respeto las opiniones entre usted y su nieto adolescente. Que ellos sientan que eres su confidente.

Eduque su **voz**: Hable y conéctese con un tono amoroso. Endulce la voz para transmitirles experiencia, amor y razón, sin tono de amenazas, sentencia, regaño, crítica, ni imposición, burla. No trate de imponer su autoridad; No hable y hable durante horas; trate de que se establezca una relación amistosa e interésese genuinamente en lo que hacen, que clase de música escuchan, quiénes son sus amigos y qué actividades les causan placer. Seguro que notaras que los adolescentes están ansiosos de compartir y les agrada tu interés y consejos.

Ayudará mucho su **mirada** comprensiva, de aprobación y no de sospecha ni de desconfianza.

Tenga la **mente abierta**: Una de las cosas clave por recordar es que los adolescentes ansían independencia. Sea confiable como un buen amigo al que se le confiesa noticias como que su nieta de 16 años cree que está embarazada y le pide que no se lo diga a sus padres. Convénzales con amabilidad y firmeza que usted si puede guardar secretos, sin embargo, explíquele que existen circunstancias en las que es fundamental romper el silencio por su bienestar emocional y físico. Haga hincapié en que la mejor elección no es ocultar, sino afrontar la situación, y que es su responsabilidad comunicar la situación a los padres o que usted mismo puede hacerlo.

Enfrente con la **verdad** sin rodeos. En caso de enfrentar una situación difícil, a lo mejor puede poner en riesgo su amistad con el joven, pero su seguridad está, ante todo. Aprenda a saber cuándo guardar secretos y cuándo no ¿No cree que sea una satisfacción escuchar a un nieto reconocer, aunque sea en forma retroactiva escuchar frases como estas? *"Mis abuelos me dieron estos consejos y nunca los escuché hasta hoy. ¡Cuánta razón tenían! ¡El tiempo va pasando y ahora comprendo lo que me dijeron hace tanto tiempo, era una gran verdad!"* Ser abuelo de un adolescente es una mutua bendición; les da seguridad y tranquilidad cuando atraviesan distintas situaciones en la vida; y los abuelos aprenden de los jóvenes.

Limítese- sea **prudente y discreto**. Aprenda a conocer sus límites, dónde terminan sus responsabilidades como abuelo y dónde empiezan las responsabilidades de los padres. Mantenga distancia en cuestiones de disciplina que no le compete. Significa que apoya el rol de autoridad de su hijo o hija como padres frente a sus hijos. Si tiene inquietudes respecto del comportamiento de su nieto o las decisiones disciplinarias de sus padres, hable claramente en privado con sus hijos, sin polémica. Y evite comentarios negativos de la decisión de los padres ni fomente la desobediencia o rebeldía de los jóvenes a las órdenes paternas.

Pero, sobre todo, **ore por sus nietos**. Eso se llama **intercesión** y esta es muy apreciada por Dios. Ore no solamente por ellos, sino con ellos. Enséñeles a usar la llave que abre puertas de bendición. Recuerda que *"nadie es eterno y algún día ya no estaremos aquí"*. Aproveche el tiempo y su autoridad. Planifique estrategias para compartir e invertir su tiempo con ellos.

Capítulo III

¡TUS PALABRAS Y ACCIONES TIENEN MEMORIA!

He aprendido con el paso de los años y con la experiencia de la vida que nuestras palabras y las acciones tienen memoria. ¿Qué significa esto? Que antes de actuar y de hablar, ya lo habíamos pensado y que muchos de nuestros pensamientos han estado guardados como en una bodega o almacén por muchos años, que a la larga se traducen en palabras y en acciones.

La mente guarda muchos recuerdos, sin embargo, conscientemente no puede recordar todo lo que ve o lo que oye, pero se ha comprobado que una persona bajo hipnosis puede recordar con detalles imágenes o acontecimientos lo que vio o vivió aun siendo niño. Eso quiere decir que los pensamientos siempre están ahí, guardados o almacenados. Y todo ese almacenaje, muchas veces, no dan cabida ni nos permiten entender los pensamientos de DIOS para vivir en victoria, porque ocupan espacio en nuestra mente. Algunas veces en los sueños también se recuerdan cosas del pasado, aparentemente olvidados. Y todas esas cosas nos impiden entender los pensamientos de DIOS y ver Su gloria. Por tanto, hay que limpiar la mente y ensancharla para recibir Su Palabra.

Según la Biblia, la mente y el corazón actúan como motor en las decisiones y acciones de los seres humanos; tanto que se los considera sinónimos, tal como dice en **Proverbios. 23:7ª** *"Porque cuál es su pensamiento en su corazón, tal es él"*. O sea, que nuestros pensamientos se generan en el corazón, dirigen nuestras acciones y se exponen con palabras, porque lo que se guarda en el corazón sale en palabras por la boca, sean buenas o malas, como dice **Lucas 6:45** *"El hombre bueno, del buen tesoro de su corazón saca lo bueno; y el hombre malo, del mal tesoro de su corazón saca lo malo; porque de la abundancia del corazón habla la boca"*.

Uno de los objetivos del diseño original de Dios para la boca, es su uso para hablar Su Palabra, que es bendición para dar vida. Sin embargo, es usada por todos los seres humanos en sentido contrario, muchas veces como un instrumento de maldición, acarreando dolor y muerte. Dice **Proverbios 18:21**: *La vida y la muerte están en el poder de la lengua, y cualquiera que es indulgente* con *ella, comerá* *de su fruto* (de vida o de muerte). Las palabras son como un decreto de poder promulgado por Dios para con ella crear vida o muerte.

Recordemos que alguna vez algunos de los típicos refranes de la abuelita se fueron almacenando en la mente y ahora adultos lo decimos a otros o a nosotros mismos, provocando una acción sin mala intención. Por ejemplo, cuando le decimos a unos padres que **"están criando cuervos, que les sacarán los ojos"**, prácticamente le estamos pronosticando que sus hijos les serán ingratos y les causarán muchas aflicciones. ¡Wao! Es por esto, que debemos cuidar lo que hablamos, cuidando primero lo que pensamos. Ojo: ¿Hablas y actúas como piensas? Nuestras palabras reflejan como en una pantalla panorámica nuestros anhelos, pensamientos y actitudes interiores almacenados en la mente, alma o en el espíritu.

A lo largo de esta lectura examinaremos el trasfondo de algunos dichos o refranes populares, que por siglos venimos repitiendo sin pensar en mayor o menor grado; dichos que han ido sustituyendo la ordenanza de DIOS de repetir Sus promesas de amor, misericordia y justicia a las de nuestros descendientes. Sustitución que lamentablemente ha dejado un legado de confusión, condenación y maldición a las nuevas generaciones. Aprendamos a no tomar muy a la ligera las palabras que salen de nuestra boca.

Capítulo IV
EL GPS DE NUESTRO DESTINO

Antes se usaba la Brújula. Ahora el GPS es un sistema de navegación que permite saber dónde te encuentras y qué camino debes tomar para llegar a cualquier lugar; así como la distancia existente entre un sitio y otro. Es un método simplificado, rápido y exacto que se convierte en una guía que da también las posibles rutas alternativas a tomar; así como también es capaz de medir la trayectoria más corta al destino.

Es una tecnología que funcionan a través de una red de satélites que armónicamente envían información a estaciones terrestres, las cuales procesan esos datos para luego enviarlos a un dispositivo receptor, que localiza su propia posición sobre la Tierra con una precisión de hasta centímetros, máximo de unos pocos metros. Cuando vamos en un automóvil que tiene GPS, recalcula nuestra ruta si nos desviamos e insiste en dirigir hasta que lleguemos a nuestro destino.

Nosotros somos más que un motor o máquina, somos criaturas de **Dios**: Sus hijos y ÉL desea que transitemos por el camino verdadero de la vida para disfrutarla y cumplir el propósito para el cual fuimos creados. Por eso Él está siempre con nosotros en el camino, comunicándose para guiarnos de muchas maneras. Desde antes de la fundación del mundo, nos ha dado un infalible GPS para dirigir nuestra vida en la tierra. **Salmos 68:14** *"¡Este Dios es nuestro Dios eterno! ¡Él nos guiará para siempre!*

Nuestro GPS es maravilloso e infalible, pues contamos con la dirección sabia del **Dios Padre, Su Hijo Jesús, El Espíritu Santo, Su Palabra y la fe.**

Salmos 37:23 *"Por Jehová son ordenados los pasos del hombre, Y él aprueba su camino"*

Juan 14:6 *"Jesús respondió: "Yo soy el camino, la verdad y la vida. Nadie viene al Padre sino por mí".*

Juan 14:26 *"Más el Consolador, el Espíritu Santo, a quien el Padre enviará en mi nombre, él os enseñará todas las cosas, y os recordará todo lo que yo os he dicho".*

Salmos 119:105 *"Lámpara es a mis pies tu palabra, y luz para mi camino"*

Es muy importante recalcar que para que nuestro GPS funcione, debemos tener conectados los receptores en buen estado y que no haya interferencias ¿Qué quiero decir con esto? Que también somos responsables de estar listos para recibir con claridad la orden a seguir, y de obedecer dicha dirección. A veces hemos querido trazar nuestra propia ruta porque nos parecen absurdas las vueltas, desvíos o rutas por donde nos envía la máquina. ¡CUIDADO! **Proverbios 16:25**. *"Hay camino que parece derecho al hombre, pero su fin es camino de muerte". No interfieras, porque corremos peligro de extraviarnos y demorar nuestro arribo o a lo mejor nunca llegar a nuestro destino.* **Proverbios 16:9** *"La mente del hombre planea su camino, pero el Señor dirige sus pasos"*

Algunos **receptores importantes que captan las señales** son:

La Mente y el Corazón: Tú eres como piensas. Por ejemplo: Cuando fui maestra de un colegio de Señoritas en mi ciudad natal, conocí una joven muy hermosa, a quien sus compañeras la eligieron para que represente a su clase como candidata en el concurso anual de reina de la institución, a lo que la chica se opuso rotundamente con llantos e histeria por considerarse sin atractivo físico; pues desde niña le habían dicho que era fea y desagradable.

La autoestima de esta señorita estaba tan deteriorada que actuaba tal como pensaba, caminaba encorvada y actuaba con torpeza en sus modales. Tanto que fue cayendo en crisis nerviosa, y tuvo que ser asistida por la Psicóloga del plantel durante tres años, tiempo en el cual pudo recuperar su auto apreciación y en su último año, aceptó la candidatura y ¡logró llegar al reinado con éxito!

Por tanto, realmente no pensamos con la mente sino con el corazón... **Mateo 9:4** *"Y Jesús, conociendo sus pensamientos, dijo: ¿Por qué pensáis mal en vuestros corazones?".* La Palabra ilustra con la figura del corazón el símbolo que nos impulsa a pensar de acuerdo con nuestras motivaciones. Por tanto, a veces la Biblia usa el corazón como sinónimo de mente que determina la personalidad del ser humano.

Es impresionante como **la boca y el oído** también marcan de alguna manera el destino del ser humano. Veamos como la boca, el oído y corazón forman un trío perfecto para regir el rumbo de las personas.

La boca: Ya vimos que nuestros pensamientos se materializan con las palabras que hablamos y que salen del corazón. **Lucas 6:45** *"El hombre bueno, del buen tesoro de su corazón saca lo que es bueno; y el hombre malo, del mal tesoro saca lo que es malo; porque de la abundancia del corazón habla su boca"*. El corazón lleno de pensamientos, emociones, recuerdos, sentimientos nos induce a hablar.

A veces no podemos evitar que lo que estaba guardado en nuestra mente y corazón en un momento dado salga a la luz con palabras, que al escucharlas terminamos creyéndolas, y permitiendo que sean parte de nuestra vida. Por ese motivo también hay que tener en cuenta lo que escuchamos, analizarlo con detenimiento y compararlo a la luz de la Palabra.

El oído: Romanos 10:17 *"Así que la fe viene por el oír, y el oír, por la palabra de Dios"*. O sea, que las palabras que se oyen se creen. Y esto atañe a todo lo que escuchamos. Ejemplo: la buena o mala fama de algún personaje es el producto de repetir a veces hasta sin comprobar lo que la gente rumora, muy en boga ahora por las redes sociales o medios de comunicación; tanto que muchas veces damos, por cierto, aun sin comprobarlo.

Pues bien, la fe en Dios viene también por oír su Palabra, la que trae consigo los pensamientos e ideas divinas que nos son transmitidas hasta nuestro corazón; la misma que al repetirla por nuestra boca, y al volverla a escuchar por nuestro oído se convierten en convicción (fe). Luego llega a nuestro corazón donde se afianza. Tornándose en un ciclo o círculo cerrado que puede crear situaciones reales que vienen a la existencia, porque estamos llamando las cosas que no son como si fuesen. Y es así como creamos una atmósfera de vida, salud y hasta milagros; o lo contrario, incredulidad, enfermedad y muerte.

¡Este Dios es nuestro Dios eterno! ¡Él nos guiará para siempre!

Salmos 68:14

Capítulo V

GIRA Y AVANZA

Para poder avanzar hacia nuestro destino en victoria a veces tenemos que detenernos en el camino y reiniciar o recalcular nuestro andar, especialmente cuando nos damos cuenta de que estamos en la ruta errada o estamos dando vueltas en el mismo derredor. La recomendación es **para, gira y avanza**.

En otras palabras, tenemos que cambiar la manera de pensar y cambiaremos la forma de hablar y actuar, y por ende de vivir. Si queremos ser bendecidos para también bendecir a otros es necesario hacer cambios radicales ¿Pero… cómo cambio mi manera de pensar? Meditando siempre en la Palabra del Señor, creyendo Sus promesas y aplicándolas en nuestro día a día podremos cambiar nuestra forma de vivir. **Romanos 12:2**, *"No se amolden al mundo actual, sino sean transformados mediante la renovación de su mente. Así podrán comprobar cuál es la voluntad de Dios, buena, agradable y perfecta"*.

En Hechos 3:19, nos insta a un cambio de actitud y conducta: *"Por tanto, para que sean borrados sus pecados, arrepiéntanse y vuélvanse a Dios, a fin de que vengan tiempos de descanso de parte del Señor"*. Hechos 3:19. Aquí la clave es: **"Arrepentíos y Convertíos"**. Lo qué significa es:

- **Arrepentíos**= cambiar manera de pensar.
- **Convertío**s= cambiar manera de actuar.

"Dejemos que el Espíritu Santo nos renueve los pensamientos y las actitudes". **Efesios 4:23.** Y eso se logra a medida que permitamos que la mente de Cristo se implante en nuestra mente y poder pensar como Él piensa. Cuando lleguemos a tener los pensamientos de Cristo entonces experimentaremos la **Metanoia**, esto significa: **"Metamorfosis o Transformación"**, según **Romanos 12** significa: **Pensar diferente o reconsiderar y reconocer** que los pensamientos de Dios son más altos y mejores que los nuestros.

El arrepentimiento es uno de los principios fundamentales del Evangelio para nuestra felicidad en esta vida y la eternidad. Es mucho más que limitarse a reconocer que se ha obrado mal; es un cambio en la manera de pensar, llevando a una nueva perspectiva de Dios, de uno mismo y del mundo. Implica un cambio de opinión que lleva a acciones como apartarse del pecado y volverse a Dios en busca del perdón, motivado por el amor a Dios y el deseo sincero de obedecer Sus mandamientos. **(Lucas 3:8-14; Hechos 3:19)**. La definición bíblica exacta de arrepentimiento es un cambio de mentalidad que se traduce en un cambio de acción y de dirección o de rumbo en la vía o senda por el que veníamos andando. Lo que conlleva un giro de 180 grados y reiniciar la senda en sentido totalmente contrario u opuesto a lo que pensábamos, hablábamos y hacíamos. Es como dar una vuelta en U en una calle o pista. **Gira y Avanza**, en otras palabras, como dice Marcos 1:14-15, nos invita a cambiar el rumbo de nuestra vida.

Dios nos exhorta al **RETO: Gira y Avanza.** Así que, si nunca has pensado en desafiar a tus pensamientos, es hora de tomar acción, porque si no lo haces, ellos van a seguir rigiendo tu hablar, actuar y tu vida, lo cita **Efesios 4: 23** *"y renovaos en el espíritu de vuestra mente"*. Tus pensamientos experimentarán una maravillosa transformación que te llevará a pensar, hablar y confesar las declaraciones del Reino. **Filipenses 4: 8**, dice: *"Por lo demás, hermanos, todo lo que es verdadero, todo lo honesto, todo lo justo, todo lo puro, todo lo amable, todo lo que es de buen nombre; si hay virtud alguna, si algo digno de alabanza, en esto pensad"*.

Tenemos la gran ayuda y apoyo de Dios para poder cambiar la mala manera de hablar, por la Palabra de Dios, que es vida y conlleva en si **fe** que es Poder creador y transformador para nuestras vidas y para la de otros. Demos un giro en U a nuestra mente, corazón y pensamientos. Piensa y habla según el nuevo vocabulario de quien ya eres. Así transmutarás y podrás cambiar esa realidad actual tuya y de tu entorno. Recuerda eres una persona bendecida para bendecir. **Increíble**.

Capítulo VI

¿SABIAS QUE HAY PODER EN TI?

Tal vez no te has dado cuenta del gran poder que hay en ti, que no es otra cosa que el regalo que DIOS depositó en tu lengua para transmitir vida o muerte mediante las palabras que los hombres hablan. Interesante ¿verdad? Ese poderoso tesoro debemos guardarlo celosamente para lograr tener una vida larga y bendecida cómo nos enseña este Salmo, que lo primero que debemos hacer es guardar nuestra lengua. *"¿Quién es el hombre que desea vida, que desea muchos días para ver el bien? Guarda tu lengua del mal, Y tus labios de hablar engaño"*. **Salmos 34:12 y 13.**

Además, el poder de la lengua también actúa para sanar el alma y el cuerpo. *"Hay hombres cuyas palabras son como golpes de espada; Mas la lengua de los sabios es medicina"*. **Proverbios 12:18.** *"Manantial de vida es la boca del justo. . ."* **Proverbios 10:11ª.** *"Panal de miel son los dichos suaves; Suavidad al alma y medicina para los huesos"*. **Proverbios 16:24.**

La Biblia afirma en ***Proverbios 18:21*** que *"La muerte y la vida están en poder de la lengua"*. Debemos tener muy claro esta afirmación bíblica para ser agentes de bendición y no de maldición. Hay muchas personas que usan su lengua para hablar palabras que atraen: Alivio, animo, consuelo, restauración, sanidad, vida. Eso atrae la ***bendición***. Pero también hay personas que usan su lengua intencionalmente o no, para causar dolor, heridas, desánimo, destrucción, muerte. Eso atrae la ***maldición***.

La lengua tiene el poder de bendecir o maldecir**, debemos decidir qué hacer y cómo usarla.** De ahí que es muy importante revisar cuidadosamente lo que la Palabra dice acerca de las expresiones verbales que salen de la boca de los seres humanos y que deben ser redimidas a través de la Biblia, para llevarnos a corregir y enmendar los dichos de nuestra boca.

Analicemos el pasaje bíblico de Santiago 3:3-12

[3] He aquí nosotros ponemos freno en la boca de los caballos para que nos obedezcan, y dirigimos así todo su cuerpo.

4 Mirad también las naves; aunque tan grandes, y llevadas de impetuosos vientos, son gobernadas con un muy pequeño timón por donde el que las gobierna quiere.

5 Así también la lengua es un miembro pequeño, pero se jacta de grandes cosas. He aquí ¡Cuán grande bosque enciende un pequeño fuego!

6 Y la lengua es un fuego, un mundo de maldad. La lengua está puesta entre nuestros miembros, y contamina todo el cuerpo, e inflama la rueda de la creación, y ella misma es inflamada por el infierno.

7 Porque toda naturaleza de bestias, y de aves, y de serpientes, y de seres del mar, se doma y ha sido domada por la naturaleza humana;

8 pero ningún hombre puede domar la lengua, que es un mal que no puede ser refrenado, llena de veneno mortal.

9 Con ella bendecimos al Dios y Padre, y con ella maldecimos a los hombres, que están hechos a la semejanza de Dios.

10 De una misma boca proceden bendición y maldición. Hermanos míos, esto no debe ser así.

11 ¿Acaso alguna fuente echa por una misma abertura agua dulce y amarga?

12 Hermanos míos, ¿puede acaso la higuera producir aceitunas, o la vid higos? Así también ninguna fuente puede dar agua salada y dulce".

Este pasaje nos enseña que:

- La lengua dirige nuestro cuerpo, nos gobierna, *nos lleva a un destino.*
- La Lengua nos domina, *nos convierte en aquello que declaramos.*

- La lengua es fuego, **que** *puede llegar a incendiar un bosque.*
- La Lengua es un mundo, *es lo que rodea todos nuestros actos.*
- La lengua contamina todo nuestro ser, *nos convierte en eso que creemos.*
- La Lengua está llena de veneno, *puede llegar a ser mortal, o ser la cura si la usamos correctamente.*

Nuestra lengua debe hablar la Palabra de Dios, debe hablar todo según nuestra fe en Dios y en Su Palabra. *"En verdad os digo que cualquiera que diga a este monte: Quítate y arrójate al mar, y no dude en su corazón, sino crea que lo que dice va a suceder, le será concedido"* Marcos **11:23 y 24**. Nadie puede controlar las circunstancias de su vida si no ha controlado primero las palabras que salen de su boca. La lengua también nos puede hacer revertir todo lo negativo en positivo. *"Podemos reescribir la historia con el poder y autoridad de la palabra de Dios, porque Él nos dio su palabra creativa, que es el **Lenguaje del Reino**".* Dios nos dio poder en la lengua para buen uso. **"Para Decir o Hablar Bien"**; o sea para **Bendecir**.

EL nos insta a usar la Palabra de Bendición y con ella: ¡Vamos a dar de comer al hambriento! ¡Vamos a predicar las Buenas Noticias a los pobres! ¡Vamos a sanar a los enfermos! ¡Vamos a liberar a los cautivos! ¡Vamos a echar fuera demonios! ¡Vamos a escandalizar a los religiosos!

¡Hablemos la Palabra!

Capítulo VII

¿COMO HABLAS?

Estemos claros que hay poder en ti y no es porque eres más sabio, más guapo o privilegiado que otros. **El poder** no es tuyo, ni mío; el **poder** viene de **Dios como un legado**, quien nos inviste de poder, nos da autoridad. Por tanto, dejemos la autosuficiencia y reconozcamos que debe haber un balance entre el **Poder de la Palabra de Dios versus la palabra de los hombres**, lo cual se conoce como: "Separación de Poderes".

Además, **Dios** también puso poder en la mente. Podemos decir que eres lo que piensas, porque tu mente tiene poder. Insisto en que como piensas se refleja como en un espejo cómo hablas, como te ves y como actúas. ¿Y sabes por qué? Porque tus pensamientos generan una emoción, tus emociones generan acciones específicas, y esas acciones generan un resultado. Y cuanto más practicas un tipo de pensamiento, más se adhiere en tu forma subconsciente de actuar. Y muchas veces llegan a influir en las personas que te escuchan.

Ten cuidado de lo que afirmas, sentencias, encasillas, etiquetas. Lo que piensas, atraes, y en lo que te enfocas, lo expandes. Recuerda: tanto si piensas y hablas lo bueno y positivo, como que, si piensas en lo malo y negativo, ambos casos se realizaran. Por eso **Dios** nos reviste de autoridad supervisada y reglamentada por Su Palabra para que no caigamos en la tentación de volvernos altivos, arrogantes y orgullosos presumiendo de un poder para hacer lo que nos venga en ganas atribuyéndonos funciones que no nos competen y que puede arrasar y destruir lo que se encuentra a su paso, incluyendo tu bienestar o tu malestar físico o emocional y el de los demás.

Recomiendo que siempre analicemos nuestra forma de hablar. Notemos: ¿Usamos etiquetas para referirnos a los demás? ¿Pensamos en negativo? ¿Usamos con frecuencia las palabras nunca o siempre? ¿Te culpabilizas a ti y/o a los demás? ¿Usas sarcasmo o ironías? Por ejemplo: ¡Eres un verdadero desastre! ¡Nunca logras terminar un proyecto! ¡Es tu culpa porque siempre dejas todo a última hora!"

Leamos en la Biblia este ejemplo de palabras que atrajeron muerte para un gran número de personas: *"Y murmuraron contra*

Moisés y Aarón todos los hijos de Israel; y les dijo toda la congregación: ¡Ojalá hubiéramos muerto en la tierra de Egipto! ¡Ojalá hubiéramos muerto en este desierto! ¿Y por qué nos trae el SEÑOR a esta tierra para caer a espada? Nuestras mujeres y nuestros hijos vendrán a ser presa. . . Y habló el SEÑOR a Moisés y a Aarón, diciendo: ¿Hasta cuándo tendré que sobrellevar a esta congregación malvada que murmura contra mí? He oído las quejas de los hijos de Israel, que murmuran contra mí. Diles: "Vivo yo"--declara el SEÑOR-- "que tal como habéis hablado a mis oídos, así haré yo con vosotros. "En este desierto caerán vuestros cadáveres. . ." **Números 14:2-3; 26-29**.

Es lamentable como el mal uso irreflexivo de la lengua hizo tropezar y caer a toda una nación, que había sido testigo hasta la saciedad como Dios los protegió en el desierto, les dio de comer y beber por 40 años; los salvo de la esclavitud de Egipto; vieron señales del poder sobrenatural de Dios y por la constante queja y murmuración, no pudieron entrar a la Tierra Prometida, ni disfrutar de las grandes bendiciones que el Señor tenía para Su Pueblo. ¡Qué lástima!, Pero las buenas noticias dicen que la lengua bien usada, puede hacer que nos levantemos, y triunfemos aun sobre la adversidad.

La Biblia dice que si somos perfectos no tropezaremos ¿Por qué? Porque el hombre perfecto es el hombre que controla su lengua, controla las palabras que salen de su boca. *"Porque todos tropezamos de muchas maneras. Si alguno no tropieza en lo que dice, es un hombre perfecto, capaz también de refrenar todo el cuerpo"*. **Santiago 3:2**.

Capítulo VIII

PEQUEÑA, PERO MUY FUERTE

Alguien dijo: *"La lengua no tiene hueso"*, (aunque anatómicamente se sabe que en su base la sostiene el cartílago muy elástico llamado Hioides). Esta analogía es un aparente chiste que ilustra por qué la lengua se mueve hacia todo lado y muchas veces muy descontroladamente. La metáfora advierte que debemos cuidar como la usamos y que dirección le damos a la lengua.

"Hablas porque la lengua no tiene hueso" se les dice a quienes hablan sin pensar y por lo regular, suelen cometer errores de apreciación. La lengua no tiene huesos, es pequeña, pero es lo suficientemente fuerte para romper un corazón. Por eso, tenga cuidado con lo que dice. A veces se afecta y daña a una persona más con las palabras que con los golpes. Cuando alguien nos hace daño físicamente nos duele al instante, y se nos generan emociones de rabia, ira, enfado, que en ocasiones resolvemos devolviendo con otro golpe o con insulto, que con el tiempo logramos olvidar. Pero, cuando las duras palabras vienen de alguna persona que de verdad nos importa, se nos quedan grabadas en el corazón, nos duele y lastiman creando malestar y/o rompiendo relaciones.

Las palabras duelen más que los golpes, porque los golpes se sanan, pero las palabras crean raíces. Es verdad que a veces nos equivocamos u ofuscamos, y por alguna razón decimos cosas que ofenden y duelen y tratamos de rectificar con disculpas. Muchas veces no somos conscientes de la ligereza con la que hablamos; no medimos que nuestras palabras pueden provocar a la otra persona un gran impacto emocional. Cuando estamos enfadados, no medimos lo que sale de nuestra boca. A veces por las emociones, los nervios, impotencia de la situación, se suelta un vocabulario insensato que deja heridas al que te escucha. Es bueno controlar las palabras y es sabio pedir perdón y enmendar nuestros errores.

También hay que considerar el tipo de personas ambivalentes que son muy sensibles, con las que se deben medir las palabras que se les dice para no lastimarlas. Pero en cambio ellas suelen soltar palabras a bocajarro sin pensar lo que les pasa por la cabeza sin valorar lo que pueden afectar a otros. ¡Cuidado con ellas! Tomemos conciencia de que la comunicación debe ser un acto bilateral, vía doble y de mutua consideración.

La metáfora del plato roto describe la situación perfectamente: "Si coges un plato y lo tiras al suelo, se rompe ¿verdad? Se puede pegar, y llegar a parecer que tiene la misma forma que antes, pero no es lo mismo. Ahora puedes pedir perdón al plato por lo que le has hecho, pero ya no es lo mismo ¿entiendes?" Lo mismo sucede con las personas. Si dices las cosas sin calibrar el daño que puedes causar es posible que el corazón de la otra persona se rompa como el plato; aunque pidas perdón ese corazón ya no es el mismo… entonces, mejor evitemos que el plato se rompa.

Debemos pensar que no tenemos el derecho de decir cualquier barbaridad para solucionarlo después con una simple disculpa de cortesía. Es bueno y de sabios enmendar nuestros errores. Con un sincero perdón y también perdonar. Ejercicio: "Cada vez que ofendas a alguien clava un clavo en la pared, y cuando te disculpes, sácalo. Entonces verás que siempre quedan huecos". Las palabras como los clavos dejan heridas. Y las heridas que no se ven son las que más duelen.

Nuestra lengua debe hablar todo según nuestra fe en Dios y en Su Palabra. *"En verdad os digo que cualquiera que diga a este monte: "Quítate y arrójate al mar", y no dude en su corazón, sino crea que lo que dice va a suceder, le será concedido"* **Marcos 11:23 -24**.

Capítulo IX

LA PALABRA DE DIOS CREA Y RECREA

Recordemos que cuando nos alineamos a la **Palabra de Dios** podemos crear y recrear, porque Su Palabra es Creativa y su poder es infinito. En ella opera la omnipotencia de Dios; Su palabra tiene poder creador y hace que surja a la existencia aquello de lo que habla. Como palabra del Dios vivo, es palabra viva y que da vida. No solo hace surgir a la vida, sino que también hace vivir lo que está muerto.

Salmos 33:6 *"Por la palabra del SEÑOR fueron hechos los cielos, y todo su ejército por el aliento de su boca. Otra versión dice: "Con la palabra del SEÑOR fueron hechos los cielos, y todo el ejército de ellos con el espíritu de su boca".*

Hebreos 11:3 *"Por la fe entendemos que el universo fue preparado por la palabra de Dios, de modo que lo que se ve no fue hecho de cosas visibles".*

Salmos 148:5 *"Alaben ellos el nombre del SEÑOR, pues Él ordenó y fueron creados".*

Jesús conoce el Poder de la lengua ¡Quién mejor que Jesús para validar el poder de la lengua! ¿Y saben por qué? **Porque Jesús Es la Palabra o Verbo encarnado,** Él sabía que las palabras que hablamos son poderosas y nosotros debemos entender y asimilar esta verdad. Y es Él quien nos dejó como herencia ese poder... *"Porque de cierto os digo que cualquiera que **dijere** a este monte: Quítate y échate en el mar, y no dudare en su corazón, sino **creyere** que será hecho lo que **dice**, lo que **diga** le será hecho"* **Marcos 11:23**.

Analicemos la enseñanza de este pasaje bíblico: El verbo "**decir**" aparece tres veces. El verbo "**creer**" aparece solamente una vez. Esto nos muestra que **Jesús** pone el énfasis en el "**decir**". **Decir o hablar** es *"Manifestar o comunicar con palabras lo que se **piensa o se cree"*.* Se habla con la boca. Y con ella se puede **ben-** decir o **mal-** decir. **Bendecir** es "Hablar bien de algo o de alguien". **Maldecir** quiere decir "**Hablar mal** de algo o de alguien".

Veamos otros pasajes que refuerzan **el poder de la Palabra** enseñados por Jesús:

En este pasaje de **Marcos 11:14**, Jesús **hablo muerte** a la higuera y la higuera se secó desde las raíces: *"Nunca coma nadie fruto de ti"*. *A la mañana siguiente Pedro le dijo a Jesús (v. 21): "Maestro, mira, la higuera que maldijiste se ha secado"*. Jesús pronunció una maldición con sus **palabras**.

En otra ocasión, **Jesús** se dirigió a un hombre que llevaba muerto cuatro días y **le dijo**: *"¡Lázaro, ven fuera!"* **Juan 11:43**. Cuando Jesús dijo esto, Lázaro salió de la tumba, Lázaro resucitó. Jesús conocía el poder de la lengua. En **Mateo 8:5-13** un centurión se acercó a Jesús y le dijo que su criado estaba paralítico y atormentado, en el versículo **8b** podemos leer: *"Solamente di la Palabra, y mi criado sanará"*.

Jesús demostró que la Palabra tiene autoridad y poder sobre las circunstancias y aun sobre la naturaleza: *"Aquel día, cuando llegó la noche, les dijo: Pasemos al otro lado. Y despidiendo a la multitud, le tomaron como estaba, en la barca; y había también con él otras barcas. Pero se levantó una gran tempestad de viento, y echaba las olas en la barca, de tal manera que ya se anegaba. Y él estaba en la popa, durmiendo sobre un cabezal; y le despertaron, y le dijeron: Maestro, ¿no tienes cuidado que perecemos? Y levantándose, reprendió al viento, y dijo al mar: Calla, enmudece. Y cesó el viento, y se hizo grande bonanza. Y les dijo: ¿Por qué estáis así amedrentados? ¿Cómo no tenéis fe? Entonces temieron con gran temor, y se decían el uno al otro: ¿Quién es éste, que aun el viento y el mar le obedecen?"* **Marcos 4:35-41**.

Jesús tenía autoridad y la ejerció por medio de sus palabras. Jesús reprendió al viento y al mar. La respuesta de Jesús a sus discípulos nos indica que ellos mismos pudieron reprender al viento y al mar. Esto nos habla de que podemos tener control sobre nuestras circunstancias, sobre los vientos y sobre las tormentas de nuestra vida. Para poder controlar nuestras circunstancias, para poder ejercer autoridad sobre las situaciones que vivimos, para poder mover montañas debemos creer bien y usar bien nuestra boca.

"Más yo os digo que de toda palabra ociosa que hablen los hombres, de ella darán cuenta en el día del juicio. Porque por tus palabras serás justificado, y por tus palabras serás condenado" **Mateo 12:36-37.**

"Del fruto de la boca del hombre se llenará su vientre; Se saciará del producto de sus labios. La muerte y la vida están en poder de la lengua, Y el que la ama comerá de sus frutos". **Proverbios 18:20-21.**

¿Queremos ser como Jesús? Puede que a veces pensemos que Jesús pudo hacer todas estas cosas porque Él era DIOS, pero Jesús nos dijo que las obras que Él hizo nosotros también vamos a poder llevarlas a cabo, incluso obras mayores. *"De cierto, de cierto os digo: El que en mí cree, las obras que yo hago, él las hará también; y aún mayores hará, porque yo voy al Padre".* **Juan 14:12.**

¡Hagamos buen uso de nuestra lengua!

Capítulo X

¡ENTREMOS AL TEMA!

Después de poner fundamento puedo entrar en materia para sustentar el título de esta obra y la motivación que me llevó a escribirlo. Me he dado cuenta a lo largo de los años que las personas repetimos dichos y refranes populares, sin reflexionar mayormente su contenido y que por lo general han corrido de boca en boca y de generación en generación, con la única expresión verbal al pronunciarlo: "*Como lo decía mi mama*"; o "*Así decía mi abuela*", "*Así lo decía mi padre*"; o "*como dice el refrán*". Y esa es la única explicación que usamos para justificar un refrán que puede encerrar el poder de dar vida o dar muerte; de ser bendición o maldición. Pero que nosotros lo repetimos y aprobamos con frases como: ¡Porque cuánta razón tenía él o ella!

Sin embargo, no nos detenemos a observar estas afirmaciones a la luz de la Palabra para comprobar si son de edificación para nuestras vidas y la de quienes nos rodean; si tienen o no razón, y que es lo que se mueve alrededor de ellos. Y tomar o no responsabilidad de transmitirlos o evitarlos para que continúen difundiéndose de generación en generación, de boca en boca y de corazón a corazón.

¿Qué son los REFRANES?

Los **refranes o dichos** son expresiones de origen popular que, en forma figurada y pintoresca, en muchas ocasiones suelen tener enseñanzas morales de profunda sabiduría. En algunos países se les llaman también "**Proverbios**". Muchos se emplean sin alteración alguna y buena parte de ellos es común en el resto del mundo hispanoparlante.

El refrán o dicho tiene como característica principal ser una frase breve y sencilla, ya que esto aporta a su memorización y difusión mediante el método: *de boca en boca*. Se han hecho tan propios de una nación, región, o familias que para muchos forma parte de su legado e idiosincrasia; muchas canciones toman estos dichos para reproducirlos de forma masiva y expandirlos fuera de una zona geográfica. Hay en todas las culturas y forman parte de su historia y su forma de ver la vida. Provienen de la creación popular y se expresan generalmente en lenguaje poético.

Su origen histórico y trasfondo espiritual

El origen de los **dichos o refranes** de uso corriente vienen de una historia, de una anécdota, de un cuento, de un personaje real o ficticio. Son tan antiguos como la humanidad misma. Todos tienen su porqué, un motivo por el que se dicen. El origen es muy diverso.

Entre los distintos orígenes de los dichos podemos distinguir: la historia, la literatura, la religión, personajes célebres, la cultura, tradiciones, maldiciones, supersticiones... Muchas veces los refranes son sacados, de fábulas, mitos, leyendas, y supersticiones antiguas. Algunos son hechos aislados, o que, tal vez, por curiosidad, también han pasado a la memoria del pueblo. Decía Sócrates que *el refrán es la filosofía más antigua y loada*; varias décadas más tarde, Aristóteles los llamaba *"reliquias de la antigua sabiduría"* e incluso escribió un libro sobre ello.

Muchos de los dichos y refranes que analizo en este libro tienen origen latino con unas cuantas excepciones. Los pueblos antiguos supieron crear "expresiones memorizadas" que las expresaban en lenguaje poético, las verdades de la vida cotidiana; y que siguen siendo hoy tan válidas como entonces, y nos hablan de una gran sabiduría humana, no menor que la actual. Por ejemplo, los primeros agricultores conocían las fluctuaciones de la naturaleza y la expresaban en frases como: **"En abril, aguas mil"**. Y muchas situaciones de la vida las resolvían a la luz de sus convicciones, como la siembra y la cosecha de la época de entonces.

Según estudios realizados por el etimólogo y filólogo Joan Corominas (1905-1997), los proverbios han existido siempre. Los refranes, añade Corominas, sobreviven porque son atemporales, sabiduría acuñada en pocas palabras y muy fácilmente recordables, que logran sobrevivir en el lenguaje popular. Un grande de las letras que recopiló refranes fue don Miguel de Unamuno, que nos ha dejado el célebre: **"Los hijos de mis hijas, mis nietos son; los hijos** de mis nueras, lo sabrá Dios". Calderón de la Barca utilizó un refrán como título de una de sus obras "**Casa con dos puertas mala es de guardar**" y Lope de Vega los empleó en su novela "**La Dorotea**".

El rey Salomón, el hombre más sabio de la humanidad, dedicó gran parte de su tiempo a reunir y seleccionar proverbios, y por ello se le atribuye la autoría del Libro bíblico llamado precisamente, **Libro de los Proverbios,** donde aparecen más de tres mil. Tanto la Biblia como El Quijote son algunas de las principales fuentes de proverbios y refranes que han perdurado, y sin duda, eran frases que ya existían en la época en que esas obras fueron escritas y publicadas.

¿Qué dice la Biblia acerca de lo que se dice y hablamos en los refranes?

Hay hermosos refranes populares que llevan mucha razón y sabiduría. Sin embargo... Algunos tienen maldiciones solapadas que se evidencian cuando los filtramos a través de la Palabra de Dios. Antes de repetirlos, debemos detenernos a pensar en cada uno de ellos; en su trasfondo espiritual. Porque, aunque aparentemente muchos tienen un grado de sabiduría, muchas veces son basados en la Sabiduría popular, y no de la Sabiduría que viene de Dios. Y la Palabra nos advierte tener cuidado con la sabiduría humana. *"La sabiduría que desciende del cielo es ante todo pura, y además pacífica, bondadosa, dócil, llena de compasión y de buenos frutos, imparcial y sincera"*. **Santiago 3:17.**

Recordemos que Dios no mira lo que mira el hombre, Él dice que: *"sus pensamientos, no son como nuestros pensamientos, ni sus caminos como nuestros caminos"* **Isaías 55:8.**

La Biblia dice al respecto: *"Desecha las fábulas profanas, y de viejas"* **1 Timoteo 4:7**. *"Y apartarán de la verdad el oído, y se volverán a las fábulas"* **2Timoteo 4:4**. En la palabra Fábula, que se señala en estos pasajes, allí están implícitamente incluidos también los refranes, los dichos, y las supersticiones, porque todos son vana palabrería que se han transmitido de generación a generación, verbalmente, y que muchas no hallan cabida entre la realidad, ni todas son aplicables a todos los hechos en general. Muchos de estos refranes contradicen incluso la palabra de Dios:

Versículo clave: *"La muerte y la vida están en poder de la lengua, Y el que la ama comerá de sus frutos"*. **Proverbios 18:21**.

Este verso nos da a entender que las palabras que hablamos son "semillas" que dan fruto de muerte o de vida; según la forma como las digamos. Que independientemente de la forma, método o estilo que las pronunciemos o sembremos nos devolverá frutos de los cuales nosotros mismos comeremos de sus frutos. *"Del fruto de la boca del hombre se llenará su vientre; Se saciará del producto de sus labios. La muerte y la vida están en poder de la lengua, Y el que la ama comerá de sus frutos"* **Proverbios 18:20-21**. Seamos sabios para dejarnos guiar por el GPS divino y obedientes para seguir la ruta que llegan a nuestros receptores para poder llegar a nuestro destino. Cuidemos que el fruto que produce nuestra lengua traiga satisfacción a nuestro vientre, bendición y prosperidad a nuestras vidas.

¡Empecemos! Ahora vamos a demostrar que las palabras no se las lleva el viento. Pues como semillas producen fruto para bien o para mal. Una palabra dicha al azar, sin analizar el efecto posterior es un pecado porque *"Mas yo os digo que de toda palabra ociosa que hablen los hombres, de ella darán cuenta en el día del juicio. Porque por tus palabras serás justificado, y por tus palabras serás condenado"*. **Mateo 12:36-37**. Con este sencillo cuestionario de análisis, puedes tú mismo autoanalizarte cuando hables o repitas un refrán "Como decía mi mama" o que lo aprendí "Conversando con la Abuela".

- **¿Qué significa?**
- **¿Qué condición del corazón refleja este dicho o esta frase?**
- **¿Es buena o mala esta declaración para mí y los míos?**
- **¿Debo repetir este refrán? .... Sí ( )   No ( )**
- **¿Qué debo decir para revertir la declaración negativa?**

ANÁLISIS Y REVISION DE ALGUNOS REFRANES POPULARES

1

Interpretación: Para muchos este refrán quiere decir que el levantarse temprano por la mañana, tendrá un buen día, posiblemente mejor que aquellos que se quedan en cama durmiendo hasta el mediodía, porque tendrán más tiempo para el desarrollo de sus actividades. pues al vencer la pereza, pueden tener la ventaja de efectuar pronto sus tareas y cumplir con sus responsabilidades. Además, levantarse temprano brinda muchos beneficios para la salud física, biológica y mental; desde la regulación de las hormonas hasta los niveles bajos de depresión. Los madrugadores tienen menor riesgo de desarrollar enfermedades crónicas. Desarrollan disciplina y consistencia como hábito de vida. La gente se siente más productiva por las mañanas, porque tendrán menos contratiempos al no tener que esperar hasta el último momento para hacer algo. En general, la vida les irá mejor a aquellos que son proactivos y que toman la iniciativa de hacer y producir desde temprano en el día y en su vida.

Análisis: Quien madruga tiene más tiempo para hacer cosas a lo largo del día que el que se queda en cama durmiendo hasta tarde. Las personas adultas usan mucho esta expresión para motivar a los más jóvenes a que se esfuercen en levantarse temprano, dejen la pereza, el desánimo y no dejen todo para última hora irresponsablemente. Ese consejo es clave para que triunfen en las metas que se propongan: trabajo, estudios, deportes, etc. Porqué no solo les irá bien en el día, sino que será reconocido como persona responsable con las tareas y labores a cumplir en su día a día.

También levantarse temprano en el área espiritual, es muy importante, para orar, leer y meditar Su Palabra, llenar el espíritu y alma de la presencia de Dios y de su Santo Espíritu para afrontar los retos diarios. Es una expresión que resalta la importancia de motivar a los padres a involucrar a sus jóvenes hijos desde las horas tempranas de su vida a buscar las bendiciones del Señor. Si en las primeras horas de la mañana nos dedicamos a hacer otras cosas, no seremos alimentados espiritualmente y para ello las horas de la madrugada son las mejores del día.

Ejemplos: El que primero llega a la playa tiene más sitio para elegir y escoger el mejor lugar. En su trabajo o en la calle posiblemente va a encontrar estacionamiento para su automóvil. El primero que llega a una tienda durante el periodo de rebajas, tendrá más posibilidades de encontrar lo que le interesa a un buen precio.

El pueblo de Israel recibió de parte de Dios el maná para su sustento, pero tenían que recogerlo muy temprano en la mañana, porque cuando el sol saliera más fuerte lo derretía. Las horas de la mañana son las mejores para recoger el maná que representa la provisión y bendición de Dios.

Éxodo 16:21 *"Los israelitas lo recogían cada mañana, cada uno según lo que habría de comer, porque con el calor del sol se derretía".*

David fue tan amante de la presencia de Dios, que siempre vivió en victoria; doblegó a todos sus enemigos, nadie lo pudo matar, nadie lo pudo tocar, fue el más perfecto de todos los reyes que existieron. Dios amó mucho a David, ¿Cuál era la clave? sencillo, la Biblia dice: David era un hombre que, en la madrugada, antes de que el sol saliera, Dios oía la voz del dulce cantor de Israel. Lo llamaban así porque le cantaba a Dios en la mañana. David oraba todos los días de madrugada, y estamos hablando de un Rey, estamos hablando de un hombre que lleno de responsabilidades, de un hombre que tenía que recibir diferentes gobernadores y reyes, de un hombre que tenía una agenda muy apretada en el día; sin embargo, jamás negoció su mañana con Dios por atender otros asuntos, por eso la Biblia dice que "tenía el corazón de **Dios**".

Salmo 63:1 *"Dios, Dios mío eres tú; de madrugada te buscaré; Mi alma tiene sed de ti, mi carne te anhela, En tierra seca y árida donde no hay aguas"*.

Base bíblica: Dicho popular o refrán respaldado en **Proverbios 8:17** " *Yo amo a los que me aman, y me hallan los que temprano me buscan"*.

Conclusión: A quien madruga Dios le ayuda es muy cierto. Pero, mucho mejor es cuando la motivación de madrugar es para tener un tiempo de calidad, en quietud, descanso en su Presencia para tener intimidad con el **Señor** y adorarlo; buscar su guía y dirección para el resto del día; es seguro y garantizado que **Dios ayuda**.

Así como el pueblo de Dios recogían temprano el maná, nosotros también debemos recoger el maná de la presencia de Cristo, muy temprano todos los días, al amanecer para disfrutar de Su Palabra y Verdad; lo cual nos da la fortaleza para emprender nuestra jornada dura del resto del día. En el Antiguo Testamento como en el Nuevo encontramos muchas personas que temprano madrugaban para tener comunión con Dios como estilo de vida. lo que les ayudo a avanzar siempre en la dirección que el **Señor** les indicaba: Ana, la mamá de Samuel, Moisés, **Jesús**.

Es un refrán que conlleva una buena motivación y que nos motiva a tener disciplina en la vida. Recordemos que, si queremos una mejor y mayor ayuda de DIOS a nuestras vidas, debemos primordialmente enfocarnos en el despertar temprano en el área espiritual y luego también en el aspecto de la rutina del diario vivir. El tiempo hay que aprovecharlo bien, porque cuando se va, ya no regresa.

¿Qué te parece si nos ayudamos e interactuamos un poco para aprender mutuamente, dándome tu opinión acerca de este refrán? Si deseas aplícale el cuestionario de "**análisis breve**".

a. **¿Qué significa?**

_____

_____

b. **¿Qué condición del corazón refleja este dicho o esta frase?**

_____

c. **¿Es buena o mala esta declaración para mí y los míos?**

_____

_____

d. **¿Debo repetir este refrán? Sí ( ) No ( )**

e. **¿Qué debo decir para revertir la declaración negativa?**

_____

_____

2

Interpretación: Ciertos loros tienen la capacidad para hablar, y repiten frases que escuchan a cotidiano. Pero también se ha comprobado que resulta una tarea muy difícil o casi imposible, para aquellos loros ya entrados en años.

De ahí que este concepto se ha trasladado a las personas mayores, indicando que cualquier tipo de aprendizaje resulta difícil a medida que se envejece, especialmente cuando deben aprender a realizar una nueva tarea. Se supone que, si de joven no lo aprendió, de viejo no lo hará. Un ejemplo es el de la gente mayor respecto hacia la tecnología, como computadoras, internet, teléfonos celulares, que, por no estar familiarizados con lo digital y cibernético, muchos se niegan a usarlas. A diferencia de los niños que desde pequeños aprenden a usarlos. La gente los etiqueta con: "No vas a aprender eso, loro viejo no aprende a hablar". "Deja de intentar, mira que loro viejo no aprende a hablar"

Análisis: Los expertos opinan que todo se puede, si se tiene un claro convencimiento de querer cambiar. Es cuestión de una motivación interna; de actitud y de escuchar Palabras de Vida y Aliento de gente positiva que los motive al cambio, a salir del conformismo y sacarles de la cabeza "al lorito viejo", que los hace repetirse y auto convencerse que una persona adulta mayor ya no puede modificar sus hábitos", que podrían ser excusas para **no** querer cambiar. Muchos prefieren decirse "así me moriré, "ya no hay nada que me cambié" o "si no lo hice de joven, mucho menos de viejo". Es verdad que la inteligencia y la memoria no es igual en un niño o adolescente; pero con buena disposición se pueden hacer importantes cambios en la edad adulta.

Ejemplos prácticos: Esto lo podemos ver, tanto en la Biblia como en el mundo secular; Abraham, Moisés, Sara, Caleb, Noe, etc. entre otros fueron llamados a una avanzada edad, Dios obró en ellos un milagro y les entregó liderazgo cuando los demás los daban por muertos.

En el mundo secular podemos tomar un ejemplo como el de Morgan Freeman. este actor ganó un Oscar a los 67 años, algo que en su juventud no pudo hacer.

El coronel Sanders es también un buen ejemplo. Él fue quien inauguró el establecimiento de KFC cuando él tenía 62 años. Los inicios del emprendimiento se dieron cuando él tenía 40 años, época en la que abrió su primer restaurante y lucho día a día hasta lograr esta franquicia ¿Quién creería que un hombre de 62 años tendría la motivación necesaria para resolver duros problemas de finanzas y mercadeo? Pero él, que creía en su potencial y que sabía lo que era vivir solo con lo justo para comer, no tenía miedo al siguiente paso. Y aunque tuvieron que pasar 20 años más para que su emprendimiento se convirtiera en la empresa enorme internacional que conocemos hoy, una de las franquicias de comida rápida más grandes del mundo: Kentucky Fried Chicken Este ejemplo sólo es una demostración que nos demuestra la errada forma de pensar de muchos que creen y dicen que la vida se acaba en la vejez y que se debe dejar de luchar por un futuro mejor que el presente.

Pidamos a Dios que nos dé el temple y perseverancia como este hombre, para que los loros viejos aprendamos a hablar.

Base bíblica: La Biblia declara que se pueden cambiar malos hábitos, y aprender cosas nuevas y llegar a tener buena calidad de vida, aun en la edad madura.

Salmos 92:14 *"Aun en la vejez darán fruto; estarán vigorosos y muy verdes"*.

Salmos 90:12 *"Enséñanos a contar de tal modo nuestros días, que traigamos al corazón sabiduría"*

Génesis 25:8 *"Abraham expiró, y murió en buena vejez, anciano y lleno de días, y fue reunido a su pueblo"*

Deuteronomio 34:7 *"Aunque Moisés tenía ciento veinte años cuando murió, no se habían apagado sus ojos, ni había perdido su vigor"*.

Conclusión: ¿Necesitas aprender, cambiar o hacer algo nuevo? ¿Crees que no puedes? ¿Estás pensando que pasó el tiempo y no tomaste oportunidades por diferentes razones? Analicemos juntos y decídete a cambiar ciertas actitudes, hábitos. Si es su caso, tome la decisión. No se apresure, de un paso a la vez. Pídale ayuda al Señor, y enfóquese en sus promesas. Los viejos pueden aún aprovechar el tiempo libre, pues ya no tienen que criar hijos; o ir al trabajo, a lo mejor ya están jubilados, etc. La vida siempre da nuevas oportunidades que a lo mejor en la juventud no las tuvo o no pudo aprovecharlas. Pida ayuda a grupos de apoyo. Piense en el área que quiere cambiar.

¡Planifique, crea y confíe en usted mismo! Crea en Sus promesas sin mirar si estás viejo o joven. Rinda su voluntad al Señor y podrá enfrentar sus temores, aun puede tomar las oportunidades que a lo mejor en la juventud no aprovecho o no las tuvo. No hay lugar para el después o el mañana mismo, que aún la gente joven argumenta, sin saber que para algunos no llegará un Mañana. ¡¡Anímate que con **Dios si se puede** y nunca es tarde!!

¿Qué te parece si nos ayudamos e interactuamos un poco para aprender mutuamente, dándome tu opinión acerca de este refrán? Si deseas aplícale el cuestionario de **"análisis breve"**.

a. **¿Qué significa?**

_____

_____

b. **¿Qué condición del corazón refleja este dicho o esta frase?**

_____

_____

c. **¿Es buena o mala esta declaración para mí y los míos?**

_____

_____

d. **¿Debo repetir este refrán? Sí ( ) No ( )**

e. **¿Qué debo decir para revertir la declaración negativa?**

_____

_____

3

Ayúdate que yo te ayudaré

Interpretación: Este refrán popular tiene la intención de animarnos a esforzarnos para superarnos en la vida y que los logros y triunfos se obtienen desarrollando esfuerzo para su consecución.

Análisis: La frase tal cual se repite como refrán o dicho popular no aparece literalmente en la Biblia, pero el mensaje que transmite me trajo a la memoria muchas situaciones en las que Dios pide que no nos demos por vencidos, que sigamos luchando; que con EL somos un equipo y que si nos esforzamos llegaremos juntos mucho más lejos de lo que nos propusimos alcanzar.

Ejemplos prácticos: Hay casos y casos en la Biblia en la que Dios ayuda a Sus hijos en hacer proezas, pero en especial a aquellos que ponen de su parte, un poco de esfuerzo para evaluar hasta dónde estamos dispuestos a llegar y a esforzarnos para ver ese milagro; EL quiere saber que estamos en pie de lucha y que no lo buscamos solamente como una máquina de conceder deseos. Que estamos dispuestos a batallar junto a ÉL, y a celebrar ese triunfo con un corazón agradecido. No porque Él no pueda obrar milagros por sí mismo, porque también los hay en la biblia; como ejemplo: cuando mantuvo a su pueblo con maná, los protegió por el desierto con columna de nube y columna de fuego, etc.

Cuando abrió el Mar Rojo le pidió a Moisés que levantara su bastón. Josué, es uno de los ejemplos de personajes bíblicos a quien Dios le dijo: "No temas, esfuérzate que yo estoy contigo"; exhortándole a afrontar el reto de conducir cl nada fácil éxodo del pueblo judío, después de Moisés. Otro caso es cuando el profeta Elías ayudó a la viuda de Sarepta a punto de morir de hambre y sed, le pidió que primero le preparara a él, una torta para comer. Cuando multiplicó los panes y los peces, Jesús también esperó primero a un corazón generoso dispuesto a dar de lo poco que tenía.

Nick Vujicic es otro de los famosos reconocidos a nivel mundial. Es el fundador de Life Without Limbs, una organización para ayudar a personas con discapacidades físicas. Nació en 1982 sin extremidades. Asegura que de niño sufrió las burlas y discriminación y que intentó suicidarse pero que con el tiempo aprendió a ver y desarrollar su propio potencial. En la actualidad dicta charlas motivacionales, conferencias y programas internacionales animando a las personas a buscar la dirección de Dios. Ha escrito diversos libros. Adquirió mucha fama al protagonizar el conmovedor cortometraje "The Butterfly Circus": El Circo de la Mariposa.

Base Bíblica: La Biblia afirma que debemos esforzarnos y tener valentía para obedecer lo que en ella se dice, con el fin que todo lo que emprendamos y hagamos nos salga bien. El texto habla de ir más allá de un esfuerzo físico al esfuerzo emocional y espiritual de someternos. Dios sabe que el ser humano por naturaleza siempre intenta ser autosuficiente e independiente de la voluntad divina para ejercer su propia voluntad; o a rendirse y dejar de insistir. Para EL actuar nos demanda algún esfuerzo, lo que implica una "muerte a nuestro yo y "ego".

Josué 1:7,9 *"Solamente esfuérzate y sé muy valiente, para cuidar de hacer conforme a toda la ley que mi siervo Moisés te mandó; no te apartes de ella ni a diestra ni a siniestra, para que seas prosperado en todas las cosas que emprendas" "Mira que te mando que te esfuerces y seas valiente; no temas ni desmayes, porque Jehová tu Dios estará contigo en dondequiera que vayas".*

Hay también una exhortación al esfuerzo en **Isaías 41:13**, *"Porque yo, Jehová tu Dios, tengo agarrada tu diestra, Aquel que te dice: 'No tengas miedo. Yo mismo ciertamente te ayudaré".*

Proverbios 6:6 *"ve a la hormiga, oh perezoso, mira sus caminos, y sé sabio; la cual no tiene capitán, ni gobernador, ni señor, prepara en el verano su comida y recoge en el tiempo de la ciega su mantenimiento. Perezoso ¿hasta cuándo has de dormir? ¿Cuándo te levantarás de tu sueño?"*

Proverbios 3.5-6 *"Fíate de Jehová de todo tu corazón y no te apoyes en tu propia prudencia. Reconócelo en todos tus caminos, y él enderezará tus veredas".*

Conclusiones: La Palabra de **Dios** nos anima a una lucha continua por la superación, pero siempre apoyándonos en la Sabiduría de Dios podríamos decir que Dios quiere que el ser humano trabaje en dependencia de él para asegurarnos buen éxito en la gestión a realizar...

El refrán no está mal infundado *Ayúdate que yo te ayudaré*; pues cuantas veces queremos que Dios nos bendiga, pero no hacemos nada para ser bendecidos queremos que las cosas lleguen por sí solas a nuestro hogar. Pero se trata de obedecer los mandatos de Dios, la cual nos anima a tomar la iniciativa de abandonar la pereza; a esforzarnos y tener mayor dedicación y responsabilidad para lograr alcanzar en la vida lo que realmente vale la pena y una superación integral. ¡Cada día tenemos que afrontar los retos para vivir con éxito!!

¿Qué te parece si nos ayudamos e interactuamos un poco para aprender mutuamente, dándome tu opinión acerca de este refrán? Si deseas aplícale el cuestionario de "**análisis breve**".

a. **¿Qué significa?**

_____

_____

b. **¿Qué condición del corazón refleja este dicho o esta frase?**

_____

_____

c. **¿Es buena o mala esta declaración para mí y los míos?**

_____

_____

d. **¿Debo repetir este refrán? Sí ( ) No ( )**

e. **¿Qué debo decir para revertir la declaración negativa?**

_____

_____

4

MÍENTRAS EL ALMA ESTE EN EL CUERPO, LUGAR TÍENE LA ESPERANZA

Interpretación: Este refrán popular se usa como consejo y consuelo a una persona afligida que está pasando por un momento difícil, a fin de que no se desanime, deprima, se vuelva pesimista, o conformista para motivarla a desplegar toda su energía para mantener y ejercer su esperanza y fe, confiando con todas sus fuerzas que Dios puede sacarlo de su difícil situación. También se dice cuando los acontecimientos se han desarrollado de tal forma que las posibilidades son muy remotas, es decir, cuando el margen para un final feliz o victorioso es mínimo y parezcan muy escasas las posibilidades de mejorar o recuperar lo que se considera perdido.

Este refrán se le usa también con otro parecido que conlleva el mismo mensaje o significado: "**La esperanza es lo último que se pierde**" tiene un posible origen mitológico.

Una teoría popular dice que deriva del mito de la **Caja de Pandora**: De acuerdo con este mito, el dios Zeus quiso vengarse de Prometeo por haber robado el fuego para dárselo a los humanos y para ello creó a la primera mujer, Pandora, para que se casara con Epimeteo, hermano de Prometeo. Zeus regaló un recipiente cerrado (conocida como "caja") a Pandora que no debía ser abierta en ninguna circunstancia. Sin embargo, la curiosidad fue más fuerte que ella y **Pandora** abrió el contenedor, liberando así todos los males del mundo. Cuando Pandora logró cerrar la "caja", sólo quedaba un elemento dentro: **la esperanza**. Pandora cerró la caja, antes de que se saliese lo único positivo que contenía: la esperanza, tan necesaria para superar los males que acosan al hombre, por eso debe ser lo último que se pierde.

Es por ello que muchos consideran que la frase "**la esperanza es lo último que se pierde**" proviene de esta historia griega. También usan otro similar que dice: "**la fe es lo último que se pierde**".

Análisis: Bajo este criterio podemos ver que nos anima a conservar la esperanza mientras se espera se resuelva la situación accionando nuestra Fe en Dios. Y mucho más si hablamos en términos espirituales, para tratar de alcanzar la meta más alta como es la salvación eterna, nos damos cuenta de que por esfuerzos propios jamás lo podríamos lograr. Él está listo a ayudarnos tanto para lograr metas terrenales como un buen trabajo, un hogar feliz, etc. como También para ser un redimido. Él lo hará, solo nos pide que hagamos un pequeño esfuerzo de clamarle con humildad por su ayuda, como dice **Juan 15:5** *"que separados de EL, nada podemos hacer"*. **Jeremías 33:3** *"Clama a mí, y yo te responderé, y te ensenare cosas grandes y ocultas que tú no conoces"*

Ejemplo bíblico: Una mujer que padecía de hemorragias desde hacía doce años; y aunque había gastado todo lo que tenía en médicos, nadie podía curarla. Ella se acercó por detrás a Jesús y tocó el borde de su ropa, e inmediatamente cesó su hemorragia, Creía con gran fe en Cristo, no confiaba en sí misma sino en Cristo. Además de que tenía la fe en Jesús, se esforzó a tocar el borde de su manto.

Con convicción lo tocó y ese día, Él también la tocó a ella más profundamente de lo que jamás había imaginado. No solo fue sana, sino que también alcanzo salvación. **Mateo 9:22** *"Pero Jesús, volviéndose y mirándola, dijo: Ten ánimo, hija; tu fe te ha salvado. Y la mujer fue salva desde aquella hora"*.

Dios nos enseñó a **orar** con fe, pero también a activar la fe como aquella mujer, que practicó la ORA-ACCION. Es decir, ora, y ejercita el musculo de tu fe. Mientras estés vivo, hay esperanza de que Dios tiene poder de cambiar lo que te aflige.

Recuerda que **"la fe mueve montañas"** Como dijo alguien: Donde veas un 1% de posibilidad mantén un 99% de fe. La cuestión es que siempre hay que confiar, aunque el panorama no sea alentador.

¿Estas orando por un trabajo? Prepárate y sal a buscarlo. ¿Quieres tener Salvación y Vida eterna? Invita a Jesús a entrar en tu corazón.

Base Bíblica:

Romanos 12:12 *"Alégrense en la esperanza, muestren paciencia en el sufrimiento, perseveren en la oración"*.

Salmo 119:81 *"Esperando tu salvación se me va la vida. En tu palabra he puesto mi esperanza"*.

Romanos 15:13 *"Que el Dios de la esperanza los llenede toda alegría y paz a ustedes que creen en él, paea que rebosen de esperanza por el poder del Espíritu Santo"*.

Salmo 42:11 *¿Por qué te abates, oh alma mía, y por qué te turbas dentro de mí? Espera en Dios, porque aún he de alabarle, ¡mi salvación y mi Dios!*

¿Qué te parece si nos ayudamos e interactuamos un poco para aprender mutuamente, dándome tu opinión acerca de este refrán? Si deseas aplícale el cuestionario de **"análisis breve"**.

a. ¿Qué significa?

_____

_____

b. ¿Qué condición del corazón refleja este dicho o esta frase?

_____

_____

c. ¿Es buena o mala esta declaración para mí y los míos?

_____

_____

d. ¿Debo repetir este refrán? Sí ( ) No ( )

e. ¿Qué debo decir para revertir la declaración negativa?

_____

_____

5

ÁRBOL QUE NACE TORCIDO, JAMÁS SU TRONCO ENDEREZA

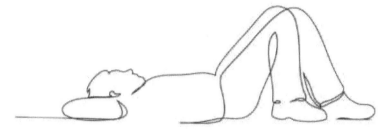

Interpretación: Este refrán se refiere a que las malas conductas no son fáciles de corregir y que es muy difícil cambiar las costumbres o hábitos de las personas.

Análisis: Esta expresión afirma que es imposible que se corrija lo dañado o defectuoso. Y muchas veces, es cierto que es difícil modificar o corregir imperfecciones, especialmente si el daño viene desde su origen; como se dice *"daño de fabrica"*, como ejemplo un ciego de nacimiento; alguien con autismo, etc. Pero, también hay que considerar aquellos casos de torceduras o defectos conductuales especialmente en los niños y jóvenes que por la permisividad de sus padres crecen con el gran defecto llamado **rebeldía** por falta de disciplina y corrección de la familia. La rebeldía es un peligro mortal que ronda para extinguir las nuevas generaciones ocasionando mucho dolor a sus padres y gran daño a la sociedad en general.

La Palabra nos advierte de la importancia de corregir o enmendar tempranamente conductas, actitudes, pensamientos, etc. Ya que, si no se lo hace en la etapa de formación, será mucho más difícil solucionarlo cuando esté en estado avanzado. *Instruye al niño en su camino, y aun cuando fuere viejo no se apartará de él.* **Proverbios 22:6**

Ejemplo: David y sus hijos, es un modelo que nos muestra que a pesar de ser un excelente Rey fue un padre permisivo, tolerante, que les brindó muchas comodidades materiales y vida principesca a sus hijos; que se salieron de su control y sus hijos rebeldes rompieron reglas de convivencia familiar y nacional. Amnón violó a su hermana Tamar **(2 Samuel 13)**. Absalón se rebeló contra él y le dio un golpe de estado a su padre **(2 Samuel 15)**.

Sansón, un juez del Antiguo Testamento, elegido para una gran comisión a favor de la libertad del pueblo judío, ha sido uno de los hombres más fuertes físicamente, dotado de una sobrenatural y extraordinaria fuerza dada por DIOS; fue sin embargo, desde muy joven extremadamente débil para dominar y vencer su codicia y afición sexual desenfrenada por las mujeres especialmente extranjeras, cayendo en desobediencia a sus padres y a los mandatos de Dios; y aunque sus padres le advertían sobre el peligro de relacionarse con mujeres extranjeras, no quiso rectificar y siempre se salía con la suya, haciendo su voluntad en desobediencia al propósito que el Señor le había designado para su vida y para el pueblo de Dios por lo que aunque derrotó y mató a los filisteos sucumbió con una muerte triste y dolorosa, aplastado bajo escombros, avergonzado y sin ojos. **Jueces 5, 16.**

Base Bíblica:

Proverbios 19:18 *"Corrige a tu hijo mientras aún hay esperanza"*.

Proverbios 13:24 *"No corregir al hijo es no quererlo; amarlo es disciplinarlo"*.

Proverbios 13: 1 *"El hijo sabio atiende a la corrección de su padre, pero el insolente no hace caso a la represión."*.

Proverbios 3:6 *"Reconócelo en todos tus caminos, Y él enderezará tus veredas".*

Conclusión: La disciplina es la herramienta con la que los padres ayudan a sus hijos a conocer el bien y el mal y los preparan para el éxito en la vida adulta. Los padres cristianos están llamados a ser los responsables de la disciplina de sus hijos, usando métodos apropiados para ayudar al desarrollo hombres y mujeres íntegros.

Dios está muy interesado en la recuperación del respeto y felicidad en los hogares y nos garantiza en **Malaquías 4:6** que *"Él puede volver el corazón de los hijos a los padres"*, a pesar de la tecnología, redes y distracciones que tratan de destruir el círculo familiar. Para Dios es fácil como dice **Jeremías 32:27**: *"He aquí que Yo Soy Jehová, Dios de toda carne; ¿habrá algo que sea **difícil** para mí?"* Definitivamente este refrán no es una sentencia absoluta, mantengamos la fe y esperanza de que si los padres se deciden a ejercer su rol de guías de sus hijos contando con la ayuda Dios **"Si se puede enderezar lo torcido"**.

¿Qué te parece si nos ayudamos e interactuamos un poco para aprender mutuamente, dándome tu opinión acerca de este refrán? Si deseas aplícale el cuestionario de **"análisis breve"**.

a. **¿Qué significa?**

_____

b. **¿Qué condición del corazón refleja este dicho o esta frase?**

_____

c. **¿Es buena o mala esta declaración para mí y los míos?**

_____

d. **¿Debo repetir este refrán? Sí ( ) No ( )**

e. **¿Qué debo decir para revertir la declaración negativa?**

_____

_____

6

CRÍA CUERVOS Y TE SACARÁN LOS OJOS

Interpretación: Este es un refrán interesante que se refiere a la causa-efecto, en la mala crianza y educación de los hijos; una advertencia a quienes pierden el control de su educación; a los padres que les permiten hacer lo que quieren y no enseñan a obedecer. Y más en estos tiempos que la gente, el ambiente, las redes sociales siembran en sus mentes y corazones ideas de rebeldía, independencia, etc. distorsionando los principios y valores a las nuevas generaciones. Este refrán corresponde no solamente a los hijos, sino también a sobrinos, hijos adoptivos, empleados, alumnos, amigos, etc. y personas en los que invertimos amistad, cariño, tiempo, enseñanzas, formación y que devuelven deslealtad, ingratitud, infidelidad, traición a los favores recibidos.

Análisis: Este refrán es de origen desconocido, lo atribuyen a una anécdota que le ocurrió durante una cacería a don Álvaro de Luna, Conde de Castilla. Dicen que encontró a un mendigo hambriento que presentaba dos horribles cicatrices en el lugar de los ojos, que desfiguraban su rostro. Don Álvaro impresionado, le preguntó sobre el origen de las heridas. El mendigo respondió: Hace tres años recogí un cuervo pequeñito en el monte; y lo crie y traté con mucho cariño; poco a poco fue haciéndose grande. ¡Un día mientras le daba de comer saltó y atacó a mis ojos; y no me pude defender, fue inútil: "quedé ciego"! Don Álvaro con mucha tristeza e impotencia ayudó a aquel desdichado, y con amarga ironía dijo a sus nobles compañeros de caza: *"Criad cuervos para que luego os saquen los ojos"*. Desde entonces, esta frase se aplica para resaltar la ingratitud de las personas traicioneras y desleales que olvidan o pagan con acciones injustas los grandes favores que alguna vez recibieron.

El refrán es fuerte, significa que, si cometemos el error de no formarles el corazón en nuestro hogar o entorno, sea por permisividad o indiferencia ante rabietas, caprichos, desobediencias, etc. y permitimos que se llenen de rebeldía e irrespeto, ese error nos regresara como bumerán contra nosotros mismos, y nos causaran un dolor tan fuerte como si nos arrancaran los ojos sin anestesia. Sería muy doloroso verlos a futuro en una cárcel, manicomio o cementerio por sus malos actos; y lo peor será verlos que ellos mismos auto eliminen su presente y futuro trayendo desgracia y dolor como consecuencia de su deshonra y deslealtad. Dios desaprueba la rebeldía.

Base Bíblica:

Proverbios 30:17(VRC) *"A quien mira con desprecio a su padre y tiene en poco la enseñanza de la madre, ¡que los cuervos del valle le saquen los ojos!, ¡que los aguiluchos se lo coman vivo!"*

Proverbios 30:17(DHH) *"El que mira a su padre con desprecio y se burla de su madre anciana, merece que los cuervos le saquen los ojos y que las águilas lo devoren".*

Proverbios 29:17 *"Corrige a tu hijo, y te dará descanso, Y dará alegría a tu alma"*

Proverbios 19:18 *"Disciplina a tu hijo mientras hay esperanza; si no lo haces, le arruinarás la vida.*

Ejemplos Bíblicos: El penúltimo juez y sacerdote de Israel se llamó Eli, nombrado para que gobernara al pueblo. Era un buen sacerdote y juez e hizo bien su trabajo, pero dirigía mal su propia casa. Elí fue un padre indulgente, permisivo y muy cómodo con sus dos hijos: Ofni y Finees; que la Biblia los define como hombres sin valor. Eli daba poca importancia a las rebeldías de ellos porque no quería contrariar la voluntad de ellos, que crecieron egoístas con corazones duros. y no respetaban a nadie. Sin embargo, Eli hizo a sus dos hijos sacerdotes a pesar de que carecían del carácter para ello. Y a pesar de las amonestaciones de su padre, no quisieron cambiar su mal camino. Cayeron en desgracia ante el pueblo porque ellos "menospreciaban las ofrendas de Jehová". **1 Samuel 2:17.**

Por todo eso tuvieron un triste final, murieron en batalla contra los filisteos. **1 Samuel 4:10** y su anciano padre también pagó las consecuencias "Cuando llegó la noticia de la masacre del ejército, con sus hijos, y la captura del Arca, se cayó de su asiento, se rompió el cuello y murió también" **1 Samuel 4:1-18.** Este es un claro ejemplo de cuál fue la causa por la que "los cuervos arrancaron los ojos a su propio padre". **1 Samuel 2.29-30.**

Podemos citar tantos casos de ingratitud, deslealtad y rebeldía como el caso de Judas con Jesús; Giezi con Eliseo; Siba con Mefiboset, etc., casos muy interesantes alusivos a este dicho.

Conclusion: ¿Qué de nuestros hijos hoy? ¿Cómo los estamos educando? ¿Estás formando su corazón frio e insensible como Ofni y Finees? ¿Eres permisivo con ellos? ¿Corriges sus malas acciones? ¿Les enseñas a respetar y honrar a Dios?

No instruyas a tus hijos como lo hizo Eli. **1 Samuel 2.12-17.** Enseñe a sus hijos que obedecer al Señor es lo más importante y que la obediencia es una virtud. **1 Samuel 2.22-26**. No cometamos un error similar. No excusemos sus conductas porque creemos que son muy jóvenes para ser castigados, y que cuando sean mayores, podrán razonar con ellos. Porque los malos hábitos se convierten en fortalezas difíciles de derribar y formarán parte de su carácter convirtiéndose en una maldición para ellos, para usted mismo y para otros. ¡Corregir es su Responsabilidad!

¿Qué te parece si nos ayudamos e interactuamos un poco para aprender mutuamente, dándome tu opinión acerca de este refrán? Si deseas aplícale el cuestionario de "**análisis breve**".

a. **¿Qué significa?**

_____

_____

b. **¿Qué condición del corazón refleja este dicho o esta frase?**

_____

_____

c. **¿Es buena o mala esta declaración para mí y los míos?**

_____

_____

d. **c) ¿Debo repetir este refrán? Sí ( ) No ( )**

e. **¿Qué debo decir para revertir la declaración negativa?**

_____

_____

7

AL MAL TIEMPO BUENA CARA

Interpretación: Se trata de una frase muy popular que se usa en situaciones difíciles, para dar ánimo a una persona que vive momentos muy duros o cuando las cosas no le salen bien. El símil con el tiempo puede representar tanto al clima meteorológico como al ambiente social, familiar, político, económico, laboral, etc. lleno de gran cantidad de problemas, dificultades, que a veces se agolpan todas juntas y pueden llevar a las personas a un caos y desesperación.

Análisis: Es un refrán que nos anima a afrontar las dificultades con optimismo y esperanza y sacando toda nuestra energía para hacerles frentes cuando haya cosas que nos estén saliendo mal, o no tan bien como esperamos. Haciendo eso, creceremos en madurez y carácter, como lo dice el capítulo 1 del libro de Santiago. ¡Entonces supera y vence a lo que te quiere vencer! ¡Con **Dios** se puede! ¡La actitud es la diferencia!

Ejemplo bíblico: El pueblo de **Israel**. En toda la historia de la humanidad no ha habido otro pueblo que haya sido protegido y liberado, en forma extraordinaria, por el poder incomparable de Dios para sacarlos de la esclavitud en Egipto. Fueron testigos de milagros: las plagas que afligieron a los egipcios; la apertura del Mar Rojo; su alimentación en el desierto con pan del cielo, carne de codorniz, agua, etc.

Sin embargo, vivían quejándose con mala cara y decían siempre que preferían mejor ser esclavos en Egipto que morir de hambre en el desierto. Finalmente, cuando llego el momento de hacer la decisión de entrar a la Tierra Prometida, su pesimismo los hizo hacer una elección loca y carente de fe, por lo que Israel lo perdió todo y lo que pudo haber demorado pocas semanas, les costó 40 años de vagar en el desierto, por lo que la generación incrédula y rebelde no pudo entrar a la tierra prometida.

Otro ejemplo: *"Al Mal Tiempo, Buena Cara"* ¿Lo has aplicado alguna vez? Te cuento que viví en carne propia este refrán; fue una experiencia que me enseñó que **"la actitud hace la diferencia"**. El sobrepeso y artritis me incomoda, pues limita las actividades a las que he estado acostumbrada.

Hace algún tiempo atrás, fui invitada a una boda y no podía subir las escaleras hacia el salón de recepción. El club ofreció subirme en una plataforma accionada por poleas. ¡Qué vergüenza! Pero decidí subir elevada en la plataforma, mientras los demás invitados subían "normalmente" las escaleras mirándome con cierta curiosidad. Pero tomé valor y empecé a sonreírles, a saludarlos y darles besos al aire como hacen las reinas de belleza. Los invitados empezaron a sonreírme también, a aplaudirme y a tomarme fotos con sus celulares. Subí y bajé como toda una Diva. ¡Jaja! Hice del limón una limonada. Disfruté la fiesta y aprendí la lección que hoy te comparto. **"A mal tiempo, buena cara"**

Base bíblica:

Santiago 1:2-4 lo explica mejor. *"Tened por sumo gozo, hermanos míos, el que os halléis en diversas pruebas, sabiendo que la prueba de vuestra fe produce paciencia, y que la paciencia tenga su perfecto resultado, para que seáis perfectos y completos, sin que os falte nada".*

Filipenses 4:4 *"Regocijaos en el Señor siempre. Otra vez lo diré: ¡Regocijaos!"*

Salmos 71:20 *"Tú que me has hecho ver muchas angustias y aflicciones, me volverás a dar vida, y me levantarás de nuevo de las profundidades de la tierra".*

Números 14: 28-30 *"Diles: Vivo yo, dice Jehová, que según habéis hablado a mis oídos, así haré yo con vosotros: En este desierto caerán vuestros cuerpos; todos vuestros contados según toda vuestra cuenta, de veinte años arriba, los cuales habéis murmurado contra mí; vosotros a la verdad no entraréis en la tierra, por la cual alcé mi mano de haceros habitar en ella; exceptuando a Caleb hijo de Jephone, y á Josué hijo de Nun"*

Conclusión: El mensaje del refrán es positivo y realista, porque nos aconseja afrontar la adversidad con una actitud positiva, sin ira, ni pesimismo o indiferencia. Dios mismo, sabe que en el mundo tendremos aflicción; pero nos anima a confiar en EL, porque Él tiene el control. Por tanto "ese mal tiempo" que sobreviene, hay que enfrentarlo con optimismo y decisión. Primero llenar nuestro corazón con la paz de Dios para afrontar y sobrellevar los tiempos malos con la salud, familia, economía, problemas de la vida, etc. Acudamos en oración ante nuestro Rey y Señor, quien puede cambiar nuestro lamento en baile. **Salmos 30:11-12.**

Escudriñemos nuestro corazón y cuidemos que la tragedia de Israel no se repita en nuestra propia vida. Confiemos de que Dios nos quiere guiar a una tierra mejor, a una tierra donde fluye leche y miel y vivamos con corazones agradecidos, semblante de paz, o sea "buena cara". Recuerda que el mal tiempo en el desierto es un paso hacia nuestro crecimiento espiritual. Cambiemos el rostro de angustia y vistámonos con vestiduras reales para presentar nuestra gratitud a Dios con **buena cara**.

¿Qué te parece si nos ayudamos e interactuamos un poco para aprender mutuamente, dándome tu opinión acerca de este refrán? Si deseas aplícale el cuestionario de **"análisis breve"**.

a. **¿Qué significa?**

_____

_____

b. **¿Qué condición del corazón refleja este dicho o esta frase?**

_____

_____

c. **¿Es buena o mala esta declaración para mí y los míos?**

_____

_____

d. **¿Debo repetir este refrán? Sí ( ) No ( )**

e. **¿Qué debo decir para revertir la declaración negativa?**

_____

_____

8

LAS APARIENCIAS ENGAÑAN

Interpretación: Se usa mucho para advertir que las personas no debemos ni tenemos que confiar en las palabras persuasivas, rostros agradables, ofertas de trabajo, etc. que provengan de personas o instituciones que no conocemos su procedencia, ni sus intenciones. Significa que nadie sabe lo que hay en el interior de otra persona, sea personal o por vía digital, muy en tendencia actual, por ejemplo, con las llamadas "Citas a ciegas", consideradas como armas de doble filo.

Seamos muy cuidadosos en quien ponemos nuestra confianza porque casi siempre los parientes, amigos, gobernantes, etc. nos van a decepcionar. **El único** que jamás defrauda es DIOS.

Análisis: A veces nos dejamos impresionar del buen aspecto del lugar: de la elocuencia del discurso político o religioso; de las frases melosas y adulación del enamorado; etc. y creemos a tal punto que terminamos pensando, creyendo y haciendo lo que ellos nos inducen, terminando a veces con gran desilusión y fracasos por haber tomado decisiones desfavorables y precipitadas para nuestra vida.

Este refrán se enuncia de otras formas, pero tienen el mismo significado. Unos dicen: **"Caras vemos y corazones no sabemos"** y otros **"No todo lo que brilla es oro"**

Ejemplo Bíblico: En la Palabra de Dios, encontramos un caso especial de Citas a Ciegas, en el libro de Ester. Esta historia se desarrolla en la época del gran apogeo del Imperio Persa, bajo el mandato del Rey Asuero, quien tuvo que destronar a su esposa, la reina Vasti, por desobedecer una orden imperial. Por consejo de su equipo gobernante seleccionó a jóvenes bellas y vírgenes de diferentes pueblos, y entre ellas a la judía Hadasa, su nombre persa es Ester, quien se ganó el respeto y deferencia del eunuco que la preparó en todas las áreas; modales, prudencia, recato, para agradar a su rey. Ella nunca se confió en su propio criterio, no sacó conjeturas, ni se apoyó solo en su físico, sino que en todo consultó con Dios y a sus mentores Mardoqueo y el eunuco. Es más, fue prudente, pues ella no dijo que era de linaje judío, por solicitud de Mardoqueo su tío.

La cita no fue tan a ciegas, pues ella tomó los datos que necesitaba para su misión: indagó sobre los gustos y personalidad del Rey y se preparó para acudir a su presencia, y ser la favorecida. Tanto que agradó al Rey y la eligió Su esposa y Reina. Esto nos prueba que Dios fue quien programó esa cita a ciegas, porque tenía el propósito de usar a esa joven para que hallara gracia ante el Rey y posteriormente extendiera el decreto para liberar al pueblo judío de las amenazas de los amalecitas, quien si le concedió la petición de protegerlos del peligro que los acechaba.

Ejemplo de actualidad; Es una buena oportunidad para advertir sobre las llamadas "Citas a ciegas". Por medio de la Internet, se programan encuentros, previas conversaciones donde las personas comparten gustos, aficiones, sueños, proyectos, que a veces son falsos. No se puede negar que hay casos exitosos en parejas que han contraído matrimonio; que otras personas han realizado excelentes compraventas. Pero, también es numeroso el caso de uniones prematuras que terminaron en divorcios. También se dan casos de robos de identidad, pedofilia, estafas a hombres jóvenes y adultos, etc. Hace algunos meses se desmanteló en un país de Sudamérica una red de trata de chicas jóvenes, quienes fueron "previamente enamoradas", para reclutarlas y después enrolarlas en el mundo de la prostitución y tráfico de drogas.

Base bíblica:

Salmos 118:8-9 *dice: "Mejor es **confiar en Jehová** que confiar en el **hombre**.*

Jeremías 17:5, 7 *"Así ha dicho Jehová: **maldito el varón que confía en el hombre**, y pone carne por su brazo, y su corazón se aparta de Jehová. "**bendito el varón que confía en Jehová**, y cuya confianza es Jehová".*

Ester 5:1-3 *"Al tercer día, Ester se puso sus vestiduras reales y fue a pararse en el patio interior del palacio, frente a la sala del rey. El rey estaba sentado allí en su trono real, frente a la puerta de entrada. Cuando vio a la reina Ester de pie en el patio, se mostró complacido con ella y le extendió el cetro de oro que tenía en la mano. Entonces Ester se acercó y tocó la punta del cetro. El rey preguntó: ¿Qué te pasa, Reina Ester? ¿Cuál es tu petición? ¡Aun cuando fuera la mitad del reino, te lo concedería!*

Conclusión: Encomiéndale tus citas de amor, negocio, trabajo, etc. Dios no está ciego y no te dejes llevar por las apariencias ni por tu engañoso corazón; porque las apariencias engañan. Cuando las citas a ciegas son programadas por Dios, siempre hay una razón y es para gloria de su nombre. Te recomiendo la lectura del libro de Ester. Te pregunto: ¿Aun crees que Ester fue a una cita a ciegas? ¿O fue Dios quien mira hasta lo más profundo del corazón que vio lo que necesitaba Asuero y Ester y programo ese encuentro? Dios mira por nosotros lo que no podemos ver. Confiemos en EL, porque "Caras vemos y corazones no sabemos", pues "No todo lo que brilla es oro".

Guarda esta advertencia divina de Aquel que nos quiere cuidar el corazón y el alma de desilusiones y dolor.

¿Qué te parece si nos ayudamos e interactuamos un poco para aprender mutuamente, dándome tu opinión acerca de este refrán? Si deseas aplícale el cuestionario de "**análisis breve**".

a. **¿Qué significa?**

_____

_____

b. **¿Qué condición del corazón refleja este dicho o esta frase?**

_____

_____

c. **¿Es buena o mala esta declaración para mí y los míos?**

_____

_____

d. **¿Debo repetir este refrán? Sí ( ) No ( )**

e. **¿Qué debo decir para revertir la declaración negativa?**

_____

_____

9
A DIOS ROGANDO Y CON EL MAZO DANDO

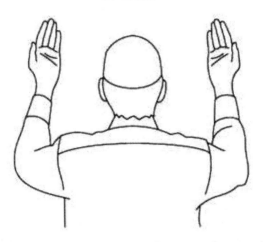

Interpretación: *"A Dios rogando y con el mazo dando"* es un refrán que resalta la importancia de pedirle a DIOS fuerzas, aliento y ánimo para trabajar y hacer todo lo que debemos y tenemos que hacer para lograr y conseguir lo que deseamos o necesitamos. Dios siempre debe ser nuestra mayor inspiración en todo lo que hagamos en la vida y por eso está bien encomendarse a Dios para ser bendecidos en nuestras labores diarias sea en el estudio, hogar, fabrica, transportación, etc. pues sin Él nada podemos hacer. Y a eso debemos sumarle nuestro esfuerzo humano en hacer nuestra tarea con responsabilidad. Dios no nos ayuda si la voluntad humana no hace su parte. Es sabio a la oración sumarle nuestra acción, con lo que tendremos un sabio equilibrio.

Muchas personas, desean tener dinero para sus necesidades, pero no desean trabajar o lo hacen con desgano, pensando que Dios tiene la obligación de proveerles sin desarrollar algún esfuerzo. Pero, la verdad es que el trabajo es parte del plan de Dios, quien nos motiva a ser diligentes para tener una mejor calidad de vida; pues para eso nos dio manos, habilidades e inteligencia, tal como le dijo a Adán: "Con el sudor de tu rostro comerás el pan" **Génesis 3:19.**

Análisis: El privilegio de trabajar es un don de Dios, no una carga. Uno de los tantos beneficios que el trabajo nos da, es que desarrollamos habilidades y experiencias al esforzarnos en lo que hacemos, cualquiera que éste sea. Y aprendemos a dar gracias a Dios, mientras lo realizamos.

El termino mazo se refiere a un instrumento de trabajo que se utiliza en labores de carpintería o albañilería. Al decir "con el mazo dando" se ilustra el esfuerzo necesario para generar una obra y anima al trabajador que mientras desarrolla su labor, mantenga activa su fe que Dios le da fuerzas y protección y a la misma vez la esperanza de lograr las metas propuestas.

Es importante inculcarle a los niños en el hogar y a las nuevas generaciones, a colaborar en casa para que aprendan a amar el trabajo, y desarrollen solidaridad, responsabilidad; a comprender que el trabajo es una Fuente de Bendición personal y social y advertir que la meta no debe ser solo acumular dinero, como fuente de enriquecimiento creyendo que el dinero da poder porque se corre el peligro de desviar el verdadero propósito del trabajo hacia la práctica de lo ilícito, como narcotráfico, crímenes y métodos fraudulentos peligrosos en los que ha caído un sector de la humanidad auto destruyéndose y acarreando dolor y desgracias.

Ejemplo bíblico: En **1 Reyes 19:19-21** dice que Eliseo fue un hombre muy espiritual, llamado por parte de Dios al oficio de Profeta. Sin embargo, siempre cumplió sus tareas con responsabilidad hasta el mismo momento de su consagración. Cuando Elías lo llamó a Eliseo lo encontró arando su tierra con doce pares de bueyes. Él iba guiando la última pareja de bueyes cuando Elías le puso su capa encima. Entonces Eliseo, dejó los bueyes, y después de despedirse de su padre se fue a buscar dos toros suyos y los mató, tomó la madera del yugo que unía a los toros, y con ella hizo fuego para asar la carne. Eliseo invitó a su gente a comer la carne asada, y luego de concluir su tarea de labrador fue a buscar a Elías y desde ese momento inició su asignación como ayudante de Eliseo.

Ejemplo: Podemos citar el libro de **Rut 2:2-3**. Rut fue una mujer que trabajó responsablemente de sol a sol espigando en el campo tras los segadores de Booz, un pariente de su suegra Noemí, para poder sostener a su suegra y a sí misma. Y así, abundan los casos en la Biblia de hombres y mujeres que su devoción a Dios no fue una excusa para trabajar; más bien, para ellos fue un aliciente practicar el lema **"A Dios Orando Y Con El Mazo Dando"**.

Citas bíblicas:

Efesios 4:28 *"El que hurtaba, no hurte más, sino trabaje, haciendo con sus manos lo que es bueno, para que tenga qué compartir con el que padece necesidad"*.

Eclesiastés 2:24 *"No hay cosa mejor para el hombre, sino que coma y beba, y que su alma se alegre en su trabajo. También he visto que esto es de la mano de Dios"*.

Proverbios 13: 4 *"El alma del perezoso desea y nada alcanza, pero el alma de los diligentes será prosperada"*.

Conclusión: El privilegio de trabajar es un don, una bendición y el amor por el trabajo es un triunfo porque produce gozo y satisfacción. Es esencial para nuestro progreso, para el desarrollo de nuestro carácter y para muchas satisfacciones más, que los ociosos nunca podrán disfrutar. Debemos apreciar nuestra labor y no subestimarla por muy pequeña o insignificante que la consideremos, porque nuestra tarea forma parte de un engranaje de acciones, esfuerzos para beneficio común. Por ejemplo: tú puedes pensar o decir "solo soy un simple panadero"; pero mira que hay tras un sencillo pan, hay todo un conjunto de esfuerzos colectivos de oficios, profesiones y utilería: sembradores, choferes, horneros, vendedores, tractores, molinos, etc. aportando al desarrollo de la sociedad. Entrelazar la oración de fe y esperanza con el trabajo y la fuerza de voluntad es una bendición. Dios nos da el balance para que esta tarea sea placentera y no una carga. Tengamos presente que Dios es trabajador porque toda la creación y las cosas buenas las hizo El y que aún sigue trabajando como dice Jesús **en Juan 5:17** *"Jesús les respondió: Mi Padre hasta ahora trabaja, y yo trabajo"*. Dios nunca llama a holgazanes, ni a los desocupados para ocuparlos en sus planes y propósitos.

¿Qué te parece si nos ayudamos e interactuamos un poco para aprender mutuamente, dándome tu opinión acerca de este refrán? Si deseas aplícale el cuestionario de "**análisis breve**".

a. **¿Qué significa?**

_____

_____

b. **¿Qué condición del corazón refleja este dicho o esta frase?**

_____

c. **¿Es buena o mala esta declaración para mí y los míos?**

_____

d. **¿Debo repetir este refrán? Sí ( ) No ( )**

e. **¿Qué debo decir para revertir la declaración negativa?**

_____

_____

10

TRABAJA PARA VIVIR Y NO VIVAS PARA TRABAJAR

Interpretación: Se usa este refrán *"Trabaja para vivir, no vivas para trabajar"* como una voz de alerta a las personas que han convertido su trabajo como un fin en sus vidas, y le dan mayor tiempo e importancia del debido, dejando de lado las prioridades, olvidando de disfrutar y vivir la vida con su pareja, hijos, familiares y amigos; y aun su propia vida y bienestar. Han cambiado el propósito, y viven para trabajar en lugar de trabajar para vivir la vida. Debemos entender que el trabajo es una bendición y una obligación importante en nuestra vida, pero que no puede ser más importante que nuestra propia vida.

Este refrán nos abre los ojos para ver la importancia de actuar con balance y equilibrio entre nuestro oficio, vocación o profesión y nuestro bienestar personal. Nos ayuda a tener claras las prioridades sin que el trabajo llegue a ser más importante que aquellas cosas que verdaderamente deberían serlo.

Análisis: Actualmente hay la tendencia de sobrecargarse de trabajo, porque se piensa que ganando mucho se puede tener todo para disfrutar de la vida, sin darse cuenta de que teniendo la vida y buena salud podemos disfrutarlo todo. Para algunos que solo "Viven para trabajar" influye mucho su ego para demostrar que son excelentes profesionales; se consideran piezas claves en la empresa y casi indispensables. Esa sensación de éxito, de sentirse importantes y hasta imprescindibles, de hacer cosas difíciles e interesantes, de acumular riqueza, es un mundo fascinante en el que poco a poco se envuelven, trabajando 24/7 sin descanso, vacaciones, dejándose envolver de tal manera que puede convertirse en persona adicta y dependiente a su trabajo, conocido como **Trabajolico o Workaholic**; que como toda adicción o dependencia termina con el deterioro y pérdida de la salud física, mental y emocional, estrés, relaciones familiares y amistades rotas, disminución de la felicidad y mucho más valores que son parte del alma humana. "El trabajo excesivo está matando a la humanidad".

Por otra parte, "Trabajar para vivir" implica tener claro que no somos indispensable en ningún trabajo, que somos fácilmente reemplazables, que todos solo estamos de paso. La verdadera motivación de trabajar debe ser contribuir con los demás con nuestros talentos y destrezas que el empleador compensa con un salario o sueldo. *"Todo obrero es digno de su salario"* **1 Timoteo 5:18**.

No se puede negar que hay personas que aman lo que hacen, son polifacéticos y por naturaleza propia tienen gran capacidad para trabajar mucho más y mejor en diferentes áreas, que el común denominador, y que a su vez saben tomar el camino adecuado para dirigirse y dirigir a otros a la excelencia sin dejar de vivir lo que realmente importa o vale, agradeciendo y honrando a Dios en todo lo que hacen. Indudablemente que Dios da dones y ha creado hombres extraordinarios.

Ejemplo bíblico: Podemos citar a **Salomón**, el hombre más sabio de la historia. Fue un hombre trabajólico que hizo todo lo que pudo con su inteligencia y gran capacidad como Arquitecto, Ingeniero Civil, Agrónomo, Minero, Zootecnista, etc. que construyó casas y palacios; canales de riego; plantaciones de toda clase; viñedos, preparó vinos, excavó la tierra para extraer los metales y piedras preciosas. etc. El hizo y logró todo lo que se propuso como dice en **Eclesiastés 2:4-11**. Sin embargo, terminó sin gozo y afligido de haber vivido para trabajar, como dice en los versos **10-11** *"No negué a mis ojos ninguna cosa que desearan, ni aparté mi corazón de placer alguno, porque mi corazón gozó de todo mi trabajo; y esta fue mi parte de toda mi faena. Miré yo luego todas las obras que habían hecho mis manos, y el trabajo que tomé para hacerlas; y he aquí, todo era vanidad y aflicción de espíritu, y sin provecho debajo del sol"*. Vanidad es la palabra con la que Salomón resume la aflicción de su paso por la vida, llenándose de triunfos pasajeros sin haberse dado el tiempo para reposar en y con Dios y disfrutar de la sabiduría que Él le concedió.

No significa que el Señor apruebe la holgazanería, lo contrario exhorta al trabajo, pero con el debido reposo. Nos da el ejemplo de la hormiga que con balance trabaja, guarda provisión y descansa, según **Proverbios 6:4-1**. Tampoco Dios nos dice que seamos conformistas; sino que nuestro trabajo debe proveernos para las necesidades de la vida sin afán ni ansiedad. **Filipenses 4:11**. El deseo exagerado de trabajar y acumular contradice el gozo de ser Hijo de Dios quien ya nos bendijo y nos bendice con toda bendición.

En lo secular la canción *"Me olvidé de vivir"* de Julio Iglesias, siempre me ha llevado a la reflexión de que la vida pasa a veces sin darnos cuenta, por afanarnos en trabajos no relevantes. La letra dice así:

"De tanto correr por la vida sin freno, Me olvidé que la vida se vive un momento"

"De tanto querer ser en todo el primero, Me olvidé de vivir los detalles pequeños"

"De tanto jugar con los sentimientos, viviendo de aplausos envueltos en sueños"

"De tanto gritar mis canciones al viento, ya no soy como ayer. Ya no sé lo que siento. Me olvidé de vivir" ...

Se me parece a Salomón cuando dijo "Vanidad de vanidades" Todo es pasajero.

Base bíblica:

Marcos 8:36 *"Pues, ¿de qué le sirve a un hombre ganar el mundo entero y perder su alma?"*

Salmos 39:6 *"¡Ay, todos pasamos como una sombra! ¡Ay, de nada nos sirve tratar de enriquecernos, pues nadie sabe para quién trabaja!"*.

Proverbios 6: 6-8 *"Prepara en el verano su comida, y recoge en el tiempo de la siega su mantenimiento"*.

Filipenses 4:11-12 *"No lo digo porque tenga escasez, pues he aprendido a contentarme, cualquiera que sea mi situación. Sé vivir humildemente, y sé tener abundancia; en todo y por todo estoy enseñado, así para estar saciado como para tener hambre, así para tener abundancia como para padecer necesidad"*.

Conclusión: Analiza ¿Qué cantidad de tiempo dedicamos al trabajo cada día? ¿Hemos estado desenfocados? Ojo: Debemos corregir la falta de balance entre trabajo y vida y considerar al trabajo como una bendición de Dios y no maximizarlo como el todo en la vida, para poder compartir el tiempo en equilibrado balance con nuestro Padre Celestial, nuestros seres queridos y disfrutar la vida. Recordemos que más importante es ser y no hacer y tener.

Conservemos la energía que el Señor nos proporciona y no queramos ganar el mundo perdiendo y descuidando lo más importante: la vida, recordando siempre "**trabajar para vivir y no vivir para trabajar**".

¿Qué te parece si nos ayudamos e interactuamos un poco para aprender mutuamente, dándome tu opinión acerca de este refrán? Si deseas aplícale el cuestionario de "**análisis breve**"

a. **¿Qué significa?**

_____

b. **¿Qué condición del corazón refleja este dicho o esta frase?**

_____

c. **¿Es buena o mala esta declaración para mí y los míos?**

_____

d. **¿Debo repetir este refrán? Sí ( ) No ( )**

e. **¿Qué debo decir para revertir la declaración negativa?**

_____

_____

11

Interpretación: "*En boca cerrada no entran moscas*" es un refrán de origen desconocido usado popularmente que recomienda ser discretos al hablar y comentar para evitar que ocurran situaciones desagradables como decir figurativamente que una mosca entre a la boca de una persona. Es un consejo para alertar que es mejor reflexionar lo que se dice y del tono con que se lo dice, pensando a la misma vez en el efecto y las consecuencias que pueden desatar el comentario, sin dañar la sensibilidad de otros ni de nosotros mismos. Los refranes que apelan a la prudencia suelen referirse a la forma de usar la boca para llevar un mensaje edificante.

Sinónimos: Algunos otros refranes de prudencia que se puede considerar son: "El pez por la bica muere", "El que tiene boca se equivoca", "Antes de poner la lengua en movimiento, ponga su cerebro en funcionamiento", "Es mejor quedarse callado que equivocarse", "Primero pensar antes de hablar", "Mira luego habla", "El que calla otorga", "Calladita me veo más bonita", "Uno es dueño de lo que calla y esclavo de lo que habla". Un refrán muy conocido en inglés, que también aconseja prudencia al hablar es: "**silence is gold**" cuya traducción significa "**el silencio es oro**".

Análisis: Muchas personas critican y juzgan porque se consideran que están en mejor condición que otros, cuando la verdad es que nadie en algún instante puede estar libre o escapar de algún sufrimiento y desgracia. Es entonces cuando necesitamos personas que abran su boca para consolar y animar, orar e interceder sin juzgar ni criticar, porque la vida da la vuelta y en algún momento, podemos estar en similares o peores situaciones, con tanto malestar que podríamos sentir el desagrado como si una mosca entrara en nuestra boca. Esta lección nos sirve para que seamos muy cuidadosos al hablar, para no ser una piedra de tropiezo para otros, sino miel para endulzar la vida y dar salud, como dice **Proverbios 16:23-24** *"El de corazón sabio controla su boca; con sus labios promueve el saber. Panal de miel son las palabras amables: endulzan la vida y dan salud al cuerpo"*. **Dios** tiene un propósito al permitir situaciones en la vida de las personas, para mejorarlos a ellos, pero también enseñarnos a renovar nuestro espíritu y cambiar nuestras motivaciones para hacernos más sensibles y compasivos.

Ejemplo Bíblico: La esposa de **Job**. Esta fue una mujer importante que disfrutó de vida abundante y mucha prosperidad, porque su marido era el hombre más rico de esa región; pero le tocó vivir de repente, la tragedia de perder en el mismo día sus siete hijos y tres hijas, su hacienda con siete mil ovejas, tres mil camellos, quinientas yuntas de bueyes, quinientas asnas, y muchísimos criados. Inmediatamente la gente y sus amigos empezaron a juzgar a su marido y a preguntar con la famosa frase: Si Dios es bueno ¿Por qué lo permite? ¿Por qué le pasan cosas malas a gente buena? ¿Será que Dios lo castiga, porque debe haber pecado? Job resignado en medio de su dolor solo bendijo al Señor.

Pero, pongámonos en los zapatos de ella, Aquella quien vivió siempre en la prosperidad y conocía solo el lado bueno de Dios y que antes de esa tragedia, ella también repetía que Dios era Bueno. Ahora ¿cómo puede aguantar esa desgracia? ella parió 10 veces y no le quedaba ni un solo hijo. No puede acudir a desahogarse ni a abrazar a su marido, porque tiene sarna ¡Entonces lo único que se le ocurre como solución es decirle que mejor renuncie a su fe y amor por ese dizque buen Dios y se muera de una buena vez! No tiene dinero ni para el funeral de Job, Tal vez pensó ¿Y ahora qué hago? Los amigos y la gente opinaban y juzgaban a su parecer, con lo que crecía su angustia. Job también la reprocha y la juzga de insensata, como una mujer sin cerebro, ingrata que había olvidado los favores de Dios. Entran ambos al carrusel de la crítica mutua y de juzgar a Dios. Ella no entiende razones, su dolor es más fuerte que su fe, está muy confundida.

Mucho he escuchado predicaciones y enseñanzas acerca de esta mujer, donde la han criticado y juzgado, diciendo que no era la idónea de Job. Lea la historia y verá como el Señor quien conoce el corazón de todos los protagonistas de esta historia les da una lección a todos aquellos que se apresuraron a dar un criterio antojadizo, por abrir la boca antes de tiempo y emitir su juicio o critica desde un corazón cerrado a la compasión y misericordia atribuyendo despropósito a **Dios**.

Base bíblica:

Proverbios 17:27 *"Hasta el tonto pasa por sabio si se calla y mantiene la calma"*.

Salmo 141: 3 *"Pon guarda a mi boca, oh, Jehová; guarda la puerta de mis labios"*.

Santiago 1:19 *"Por esto, mis amados hermanos, todo hombre sea pronto para oír, tardo para hablar, tardo para airarse"*.

Mateo 7:3 *"¿Por qué te fijas en la astilla que tiene tu hermano en el ojo, y no le das importancia a la viga que está en el tuyo?"*

Romanos 14:13 *"Por tanto, dejemos de juzgarnos unos a otros. Más bien, propónganse no poner tropiezos ni obstáculos al hermano".*

Job 42:12, 15-17 *"Y bendijo Jehová el postrer estado de Job más que el primero; porque tuvo catorce mil ovejas, seis mil camellos, mil yuntas de bueyes y mil asnas, y tuvo siete hijos y tres hijas.* [15] *Y no había mujeres tan hermosas como las hijas de Job en toda la tierra; y les dio su padre herencia entre sus hermanos.* [16] *Después de esto vivió Job ciento cuarenta años, y vio a sus hijos, y a los hijos de sus hijos, hasta la cuarta generación.* [17] *Y murió Job viejo y lleno de días".*

Conclusión: El mundo cada vez está más negativo y lleno de odio. El bombardeo con palabras de muerte y mentiras entre humanos destruye cada vez más a las personas que los ataques cibernéticos y bombas nucleares o biológicas, atacándonos mutuamente, y en especial a los que no piensan o creen lo mismo que nosotros. Hemos olvidado de dar palabras alentadoras de gratitud y aprecio, porque nuestro corazón se endurece cada vez más, Jesús dijo: *"De la abundancia del corazón habla la boca".* **Lucas 6:45.** *"No juzguen a nadie, para que nadie los juzgue a ustedes"* **Mateo 7:1.**

El corazón duro, amargo, ingrato genera una lengua mordaz, quejumbrosa y mirando siempre el error ajeno para criticar, juzgar. Las redes sociales, la farándula, basan sus programaciones en hablar todos contra todos, lo que es un modelo para seguir por la niñez y juventud que siguen la corriente de este mundo al que consideran normal. Es muy común en las escuelas el acoso escolar o llamado **bullying** que es toda forma de maltrato y abuso físico, verbal o psicológico entre estudiantes, de forma reiterada y durante mucho tiempo, a veces personalmente o por las redes sociales o ciberacoso que lleva a muchos jóvenes a la desesperación y al suicidio. Con lo que se cumple el Refrán: **"En boca cerrada no entran moscas".** Corrijamos nuestra forma de hablar y la de nuestra familia para evitar que las mortecinas y sucias moscas giren a nuestro alrededor y penetren en la boca. Todos necesitamos ánimo en este mundo difícil. Usemos nuestra boca para sanar y alentar. Hoy por mí, mañana por ti, Nunca se sabe… ¡Mejor es! "Cerrar la boca para que no nos entren las moscas" ¡Tenemos que hacer algo y urgente!!

¿Qué te parece si nos ayudamos e interactuamos un poco para aprender mutuamente, dándome tu opinión acerca de este refrán? Si deseas aplícale el cuestionario de **"análisis breve"**.

a. **¿Qué significa?**

_____

_____

b. **¿Qué condición del corazón refleja este dicho o esta frase?**

_____

_____

c. **¿Es buena o mala esta declaración para mí y los míos?**

_____

_____

d. **¿Debo repetir este refrán? Sí ( ) No ( )**

e. **¿Qué debo decir para revertir la declaración negativa?**

_____

_____

12
EL QUE LA SIGUE... LA CONSIGUE

Interpretación: Refrán muy usado para animar a las personas a **persistir** para lograr un determinado objetivo, propósito o meta propuesta. Cuando alguien pone los medios necesarios y todo su esfuerzo sin desistir en su empeño, alcanza el fin que persigue. Esta alentadora frase se puede usar en doble sentido, tanto para animar a quien está por iniciar una empresa o proyecto de vida; como también para felicitar por su constancia a quien o quienes ya lograron llegar a la meta. Hace alusión a que **"El secreto del éxito es no rendirse jamás"**.

Análisis: Una frase muy motivadora que se relaciona con el refrán que estamos analizando y ayuda mucho en momentos de indecisiones es: **insistir, resistir, persistir y nunca desistir**, anima a ser constante y perseverante para lograr la meta propuesta.

El refrán "El que la sigue, la consigue" o "Quien la sigue, la consigue" insiste sobre el valor de la constancia, por eso otras versiones dicen: "La perseverancia logra lo que la dicha no alcanza", o "El que persevera, vence", "Gota a gota el agua le hace hueco a la roca". Indudable que no es fácil ser perseverante; llegar a la cima representa atravesar un camino de obstáculos difíciles en el que tenemos que practicar y desarrollar hábitos de disciplina, obediencia, coraje y orden para avanzar paso a paso, con la convicción de que el esfuerzo tendrá recompensa de Dios, lo cual nos llenará de gozo a nosotros mismos y a todos aquellos que realmente celebran nuestro triunfo.

Por tanto, No al desánimo, como dijo Confucio, "No importa lo lento que vayas, siempre y cuando no te detengas". La clave es mantener el enfoque y aunque te canses y el proceso se torne difícil, no te desanimes, sigue paso a paso con determinación. No importa que no seas el primero en llegar, lo importante es que llegues y no te quedes a la mitad del camino.

Hay que analizar que la perseverancia es la clave del éxito en muchas situaciones: pero, también es importante saber cuándo perseverar y cuándo no. Tratar de insistir sin dirección de Dios puede convertirse en algo negativo y frustrante, porque se puede perder la inversión de esfuerzo, dinero, energía y la vida misma en algo infructífero. Debemos auto examinar las motivaciones y limites, conocer nuestro potencial o necesidad. Podría ser un simple capricho (No todo palo es bueno para cuchara), a fin de saber cuándo dejar o abandonar un proyecto equivocado que no esté bajo la dirección de Dios y consejeros sabios. Es importante aprender de las experiencias de errores cometidos, superarlos y volver empezar sin miedo al fracaso, ya que "No empiezas a partir de Cero, sino a partir de tus experiencias".

Ejemplo bíblico: Una mujer llamada Rizpa, es la protagonista de una historia fuera de lo normal, quien nos enseña con su ejemplo a perseverar para que se le haga justicia; a afrontar y enfrentar la adversidad tomada de la mano de **Dios**. En el libro de **Josué Cap. 9**. El desenlace de esta historia. **2 Samuel 21**.

Ella y sus hijos sufrieron las injustas consecuencias de un pacto que no se respetó entre sus antepasados. Un día de pronto, sin causa justificada apresaron a sus jóvenes hijos e hijastros, descendientes del Rey Saul, los ahorcaron en un lugar desolado y alejado. Sus hijos ni siquiera fueron enterrados, porque la orden era que quedaran expuestos a la vergüenza y al desprecio de otros; nadie podía tocarlos, para que las aves de rapiña y las bestias del campo devoren sus cuerpos malolientes y putrefactos. Ella exigía que el Rey David se entere y decrete el entierro de los cuerpos. Pasaron muchos días y mientras esperaba la respuesta no perdió la paz y luchó día y noche sin distraerse ni para comer, ni dormir. Se mantuvo en acción moviendo el manto para ahuyentar a los depredadores y reposando su cabeza solo por momentos sobre una roca, a fin de defender los derechos de los hijos y descendientes del Rey. Por supuesto que cuando el Rey se enteró, ordenó se le haga Justicia, Al final de esta perseverante lucha vemos a Rizpa cubierta con su manto y caminando con elegancia detrás del cortejo de los ataúdes de sus hijos y familiares para darles una sepultura con honores digna de los descendientes del Rey.

Es probable que en algún momento Rizpa no podía aceptar ni comprender la situación y se haya querido dar por vencida, sea por cansancio, incomodidad o impotencia, pero tomó la decisión de pelear hasta del final y aunque su corazón estaba estrujado, desarrolló la estrategia para enfrentar y vencer esa adversidad.

El nombre Rizpa significa Carbón encendido: Alguien que persiste, está alerta, que vigila, que protege, etc. Mantente como un carbón encendido, no te dejes apagar. Sea que tu lucha sea por tus hijos, salud, finanzas, hogar, titulo, etc. Insiste: ora, intercede, guerrea, aunque veas lo contrario, no te desanimes y en el Nombre del Señor obtendrás la victoria. solo con la ayuda de Dios superamos las adversidades. Así como lo consiguió Rizpa, porque **el que la sigue, ¡la consigue!**

Base bíblica:

Santiago 1:12 *"Bienaventurado el hombre que persevera bajo la prueba , porque una vez que ha sido aprobado , recibirá la de la vida que {el Señor} ha prometido a los que le aman".*

Mateo 24:13 *"Mas el que persevere hasta el fin, este será salvo".*

Romanos 8:37 *"Antes, en todas estas cosas somos más que vencedores por medio de aquel que nos amó".*

2 Tesalonicenses 3:5 *"Que el Señor los lleve a amar como Dios ama, y a perseverar como Cristo perseveró".*

CONCLUSION: Es probable que alguien esté atravesando un momento difícil y que por momentos ha querido renunciar a todo e incluso, ha pensado en quitarse la vida. Esta frase lo anima a seguir adelante. Es tiempo de avanzar en la lucha, confiar en Dios y en nuestro potencial. Lo que para muchos es motivo de desánimo e incluso, de desesperanza, para los cristianos se constituyen en motivos de bendición. Dios tiene el control de todas las cosas y nos proporciona las fuerzas para vencer. La clave es que tengamos una actitud de carácter desafiante y perseverante, para que avancemos a la meta como dijo Pablo en **Filipenses 3:14-16** *"prosigo a la meta, al premio del supremo llamamiento de Dios en Cristo Jesús".* Más aún si ya tienes a Cristo morando en tu corazón, ya Él reina en tu vida y en Él somos más que vencedores. Como dice **Filipenses 4:13** *"Todo lo puedo en Cristo que me fortalece".* Como testimonio te cuento que yo estudié y me gradué de la secundaria en un colegio prestigioso de mi ciudad natal Guayaquil, donde nos inculcaron como lema de vida la frase "Quien no espera vencer ya está vencido", y aun en mi vejez lo práctico . ¡Entonces **Sigue y Consigue!**

¿Qué te parece si nos ayudamos e interactuamos un poco para aprender mutuamente, dándome tu opinión acerca de este refrán? Si deseas aplícale el cuestionario de **"análisis breve".**

a. ¿Qué significa?

b. ¿Qué condición del corazón refleja este dicho o esta frase?

c. ¿Es buena o mala esta declaración para mí y los míos?

d. ¿Debo repetir este refrán? Sí ( ) No ( )

e. ¿Qué debo decir para revertir la declaración negativa?

13

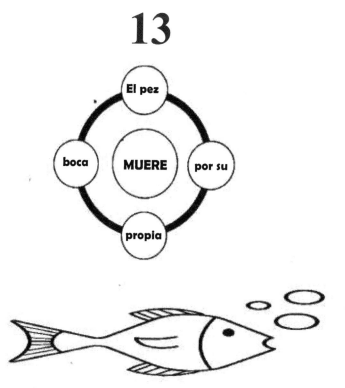

Interpretación: Es un refrán popular que advierte el cuidar lo que hablamos, ya que esto muchas veces es una trampa en la que caemos, especialmente si lo que estamos diciendo es una mentira, o algún sentimiento negativo hacia otra persona. El enunciado del mensaje usa la comparación con la técnica de pescar; actividad que se basa en el descuido del pez que no advierte el peligro y abre la boca para morder la carnada o sebo que esta enganchada a un anzuelo del cual es difícil soltarse, lo que se convierte en la causa de su muerte.

En el original bíblico carnada es sinónimo de "**tropiezo, trampa, escándalo o carnada**" del término griego *skandalon*, usado para cazar animales o pescar peces. Cuando una persona ofende a otra, le pone una carnada o trampa; que si el ofendido la muerde o traga puede dar muerte a una amistad, una relación y hasta su relación con Dios. En efecto, muchas personas se meten en problemas a consecuencia de no saber guardar información delicada, sea propia o ajena, exponiéndose a sufrir las consecuencias de su imprudencia.

Análisis: Hablar es una acción que requiere primero pensar para seleccionar cuidadosamente las palabras que vamos a emitir al resto de personas. Este refrán, se usa como advertencia igual que su variante "En boca cerrada no entran moscas", o "El que calla otorga". Enseña que la indiscreción de hablar más de lo necesario puede acarrear serios problemas, y más cuando se trata de ocultar la verdad con mentiras; o hacer exageraciones de un caso real, cayendo en difamación, mentiras, embuste, falacia, calumnia y chismes. Mentir implica un engaño intencionado y consciente, que debemos tratar de evitar.

A las personas que dicen una mentira, en especial si las dicen frecuentemente, se las califica de mentirosas, y pierden la confianza y credibilidad de los demás, por eso también se dice: "En la boca del mentiroso, lo cierto se hace dudoso". "Más rápido se coge a un mentiroso que a un ladrón o que a un cojo". Es impactante como casi todo en el mundo se basa en la mentira: la historia, las novelas, las películas, la política, la ciencia, los niños, los adultos, todos pecamos mintiendo y aun los personajes famosos mienten, *"Si decimos que no tenemos pecado, nos engañamos a nosotros mismos y la verdad no está en nosotros. Si confesamos nuestros pecados, Él es fiel y justo para perdonarnos los pecados y para limpiarnos de toda maldad".* **1 Juan 1:8-9**.

Aun en la Biblia encontramos muchos mentirosos, encabezados por Satán llamado *"el Padre de la mentira"* **Juan 8:44**, es el más grande de los mentirosos, cuyas tretas se basan en la mentira para conseguir sus perversidades. Sin embargo, nunca prevalece la mentira y siempre queda descubierta por la verdad.

Ejemplo: Uno de los discípulos que más amó a Jesús, fue Pedro; sin embargo, por miedo cayó en la mentira y su boca lo hizo negar tres veces públicamente a su Maestro, durante la noche antes de su muerte. La mentira que salió por la boca mató la relación entre Pedro y Jesús. Pero, por el gran amor que Jesús tenía por Pedro le dio la oportunidad de restaurar su relación, haciendo que Pedro use su propia boca, la misma arma letal con la que promulgó su sentencia de muerte, haciendo que en voz alta confesara por tres veces el amor que le profesaba, como antídoto al veneno mortal con que se había auto suicidado. **Mateo 26:74, Juan 21:15.** Y desde entonces Pedro fue leal hasta la muerte.

Otro **ejemplo:** En el momento de la crucifixión Jesús tenía a cada lado a un malhechor, uno usaba su boca para maldecir y proferir injurias en contra, incluso, de Jesús. El otro, por su parte, dijo *"Acuérdate de mí cuando vengas en tu Reino"*, a lo que Jesús respondió, *"De cierto, de cierto te digo, que hoy estarás conmigo en el Paraíso"* **Lucas 23:42-43.** Uno murió física y espiritualmente, debido a su boca. Pero el otro obtuvo la salvación al momento de aceptar su error, arrepentirse y pedirle a Jesús que lo ayude. Obtuvo la vida eterna gracias a lo que pudo confesar con su boca.

Base bíblica:

Salmo 140:3 *"Señor, pon guarda a mi boca: vigila la puerta de mis labios".*

Proverbios 6:2 *"Te has enlazado con las palabras de tu boca, Y has quedado preso en los dichos de tus labios".*

Lucas 17:1 *"Imposible es que no vengan los tropiezos".*

Efesios 4:29 *"Ninguna palabra corrompida salga de vuestra boca, sino la que sea buena para la necesaria edificación, a fin de dar gracia a los oyentes".*

Proverbios 10:11 *"Manantial de vida es la boca del justo".*

Conclusión: Analiza lo que dices, lo que piensas, las canciones que cantas, los refranes que repites, etc., ya que todo eso tiene repercusión en tu vida, lo cual te puede condenar o salvar. Las personas veraces son de gran estima por ser auténticos, veraces, sinceros, legítimos, certeros, íntegros, honrados, rectos, claros, de una sola pieza, honestos y leales. Relacionarnos con tales personas es una bendición.

El Señor recomienda en su Palabra que estemos muy apercibidos y atentos para no morder la carnada y si llegase a suceder estemos listos para expulsar dicha ofensa y no morir como el pez. El Señor Jesús vive por siempre, e intercede por nosotros y así como hizo con Pedro también lo hace por nosotros. Pongamos nuestra boca y corazón ante Él para que nos restaure y nos haga volver al camino recto, si llegáramos a fallar. **Romanos 3:4** *"De ninguna manera; antes bien sea Dios veraz, y todo hombre mentiroso; como está escrito, para que seas justificado en tus palabras, y venzas cuando fueres juzgado"*.

Busquemos el conocimiento de la verdad que nos habla **Juan 14:6:** *Jesús le dijo: Yo soy el camino, y la verdad, y la vida; nadie viene al Padre, sino por mí.* Solo así seremos hijo del Padre de verdad y no del padre de mentira. Cuida de no preparar con los dichos de tu boca una trampa mortal de la que caigas preso, cuida tu boca de decir mentiras o de hablar mal contra tu prójimo. Cuidado en auto maldecir con tus propias confesiones, para no morir por nuestra propia boca como los peces. **Salmo 143:1** *"Señor, pon guarda a mi boca; vigila la puerta de mis labios"*. ¡Que tu boca sea siempre una fuente de Bendición!

¿Qué te parece si nos ayudamos e interactuamos un poco para aprender mutuamente, dándome tu opinión acerca de este refrán? Si deseas aplícale el cuestionario de "**análisis breve**".

a. **¿Qué significa?**

_____

_____

b. **¿Qué condición del corazón refleja este dicho o esta frase?**

_____

_____

c. ¿Es buena o mala esta declaración para mí y los míos?

_____

_____

d. ¿Debo repetir este refrán? Sí ( ) No ( )

e. ¿Qué debo decir para revertir la declaración negativa?

_____

_____

14

LO QUE MAL EMPÍEZA, MAL ACABA

Interpretación: "**Lo que mal empieza, mal acaba**". Significa que quien lleva una vida desordenada tiene, por lo general, un fin desastroso. Este refrán es un dicho muy interesante que se refiere a la ley causa- efecto que se aplica a quienes viven atados a las malas costumbres y en desorden acabando, siendo víctima de éstas. También lo expresan así: "Como ha sido la vida, así es el fin". Es un consejo para que la gente evite meterse en problemas. Esta frase la cita el monje Tirso de Molina por medio del personaje principal don Juan Tenorio, de su novela "El burlador de Sevilla".

Análisis: Es innegable que un mal comienzo determina un mal final, es como usar un molde defectuoso para hacer un pastel, seguro que tendrá un mal acabado. Es importante, entender que no porque algo empezó torcido, no se pueda enderezar. Ejemplo: Usted y yo comenzamos a vivir la vida con una vieja naturaleza; desde que el hombre empieza, porque recordemos que Dios nos creó perfectos, sin defectos. Sin embargo, por voluntad propia, el hombre decidió hacer y actuar mal desobedeciendo las reglas del Creador e iniciar un nuevo comienzo, su propio mal comienzo, pues empezó mal. Pero, con Dios pudimos y esa esperanza esta para el que cree.

Si reconocemos en qué estamos mal, y decidimos rectificar, permitiéndole a **Dios** nos ayude a tener un buen comienzo, se puede terminar bien lo que empezó mal. ¡Pongamos la confianza y obediencia en Él y Él hará! La Biblia nos ensena sobre "**el nuevo nacimiento**", que es el antídoto para toda mala formación espiritual e integral del ser humano. Es algo que se produce en usted cuando recibe al Señor Jesucristo como Salvador.

Ejemplo: Si alguien empezó mal (vendiendo drogas) terminará mal (en una cárcel o sanatorio). O parejas que empiezan mal iniciando una relación con infidelidad o mentiras, difícilmente termina bien, podrían terminar en violencia, separación, divorcio, crimen, etc. Si una persona, matrimonio, empresa, etc. empieza mal, fundada sobre malas bases sin buen fundamento de valores y principios, crecerá mal y seguirá mal hasta el final. Pero, si le permitimos a Dios que obre a tiempo y nosotros aportemos esfuerzo y responsabilidad, podemos lograr la excepción a este dicho. La excepción puede ser que "Que lo que lo que mal comienza, termine bien". Si Dios interviene, acabará bien, como lo hizo con el feliz final del **Hijo Prodigo** en **Lucas 15:11-32**.

María Magdalena, la historia de esta sierva de Dios inició con una escena de pecado, pero Jesús la salvó de morir, la restauró y la levantó aún a pesar de su condición actual. Ella es la antítesis de este refrán, pues, aunque tuvo una vida mala, que empezó haciendo todo fuera de la moral y buenas costumbres, a tal punto que estaba poseída por siete espíritus del mal; cuando Jesús la encontró y la ministró con su amor y poder, la liberó milagrosamente al expulsar de ella aquellos demonios que la atormentaban y su vida dio un giro de 180 grados, convirtiéndose de pecadora en discípula y lo que empezó mal terminó bien porque tuvo un encuentro verdadero con Jesús.

Judas Iscariote, empezó mal desde el comienzo; aunque anduvo con los discípulos y recibió las enseñanzas del Maestro, su ambición lo hacía robar el dinero del Ministerio de Jesús. Finalmente lo terminó traicionando y vendiendo por 30 monedas de plata, acabó tan mal su vida ahorcándose por remordimiento. ¡Empezó mal y termino mal! **Juan 12:6; Mateo 26:14-16; Mateo 27:5.**

Base bíblica:

Job 4:8 *"He podido comprobar que quien mal anda mal acaba".*

Lucas 18:27 *"Él les dijo: Lo que es **imposible** para los hombres, es **posible** para Dios".*

Jeremías 32:27 *"He aquí que **Yo Soy** Jehová, Dios de toda carne; ¿habrá algo que sea **difícil** para mí?"*

Proverbios 10:9 DHH *"El que nada debe, nada teme; el que mal anda, mal acaba".*

Conclusión: A veces hay que considerar que lo importante no es como comienzas sino como terminas. Es humano errar, pero es más sabio aún rectificar. No sigamos pensando y peor declarando que todo puede salir mal, pues acabará siendo malo. Muchas de las situaciones negativas de nuestra vida, es porque pensamos que es mala suerte. Al final, las terminamos provocándolas o atrayéndolas nosotros mismos por nuestras confesiones negativas.

Debemos tener cuidado cuando lo decimos como sentencia a niños, jóvenes, hogares, personas, empresas, etc. porque es como una maldición o juicio sobre su destino final. ¡Convéncete que Dios cambia el triste final de las vidas de gente que empezó mal! Si lo hizo conmigo, también lo puede y quiere hacerlo contigo. Se dice: **"Dios** escribe recto sobre líneas torcidas o chuecas". **Lucas 18:27.** *"Él les dijo: Lo que es **imposible** para los hombres, es **posible** para Dios"* y en **Jeremías 32:27** dice: *"He aquí que **Yo Soy** Jehová, Dios de toda carne; ¿habrá algo que sea **difícil** para mí?"* ¡Mantengamos la fe para que las nuevas generaciones tengan un nuevo comienzo y

122

hablemos Bendición para que **terminen bien**!

    ¿Qué te parece si nos ayudamos e interactuamos un poco para aprender mutuamente, dándome tu opinión acerca de este refrán? Si deseas aplícale el cuestionario de "**análisis breve**".

a.   **¿Qué significa?**

_____

_____

b.   **¿Qué condición del corazón refleja este dicho o esta frase?**

_____

_____

c.   **¿Es buena o mala esta declaración para mí y los míos?**

_____

_____

d.   **¿Debo repetir este refrán? Sí ( ) No ( )**

e.   **¿Qué debo decir para revertir la declaración negativa?**

_____

_____

15

NO HAY MAL QUE POR BÍEN NO VENGA

Interpretación: El refrán "No hay mal que por bien no venga", se usa mucho para animar a las personas que estén atravesando por situaciones de desdichas y desgracias, que lucen no tan buenas en el momento, pero que, a futuro, pueden generar resultados positivos. Es decir que de lo malo en el presente también pueden surgir cosas mejores a futuro. Se emplea también como una exhortación para esforzarse a continuar y retomar una tarea o trabajo con entusiasmo y optimismo por alcanzar una meta deseada.

Análisis: Este refrán "no hay mal que por bien no venga", no quiere solamente reforzar que tras de toda desgracia o infortunio viene un bien; sino también despertar la esperanza que las desdichas se pueden revertir en logros superiores; que lo que aparentemente no se logró al inicio. Que ese mal fue la prevención de serias dificultades que se podrían generar a futuro; y conservar la fe que pueden surgir mejores oportunidades posteriormente. Pregúntate cuando tengas un obstáculo en la vida, si lo que está pasando ¿Es realmente un obstáculo? ¿Será este problema una nueva oportunidad? ¿Señor, que me quieres ensenar? Como quien dice: "Lo mejor está por venir".

Por supuesto que es difícil y muy doloroso enfrentarnos a una crisis, A veces reaccionamos con rabia, llanto, depresión o miedo; incluso llegamos a renegar de Dios, y nos hacemos la pregunta ¿Por qué a mí? ¿Dónde está Dios en este momento? La Palabra nos aconseja que pongamos los ojos en Él, para mirar lo que Dios piensa hacer a través de nuestras circunstancias.

Después que Pablo tuvo la visión del Señor Jesucristo en camino a Damasco, todo lo demás pasó a segundo plano para él. Dice **Filipenses 1:12,** *"Lo que me ha sucedido, más bien ha servido para el avance del evangelio"* ¡Y cuantas vicisitudes vivió este Apóstol, pero todo redundó para bien del Reino y de la humanidad, incluyéndote a ti y a mí! Porque su propósito era presentarnos el evangelio.

Ejemplo bíblico: José, hijo de Jacob, fue golpeado y vendido por sus hermanos a extranjeros que se lo llevaron a otro país…a Egipto. No volvió a ver de nuevo a su familia en muchísimos años. Con el tiempo, a causa del hambre en toda la tierra, ellos lo visitaron, necesitan de él, de lo contrario morirían. De entrada, no reconocieron a aquel al que habían traicionado.

Sin embargo, cuando José tuvo la oportunidad de hablar con sus hermanos, les dijo: "Ahora, pues, no os entristezcáis, ni os pese de haberme vendido acá; porque para preservación de vida me envió Dios delante de vosotros. Y Dios me envió delante de vosotros, para preservaros posteridad sobre la tierra, y para daros vida por medio de gran liberación. Termina, José añadiendo, precisamente eso: Así, pues, no me enviasteis acá vosotros, sino Dios, que me ha puesto por padre de Faraón y por señor de toda su casa, y por gobernador en toda la tierra de Egipto".

Con mucha humildad y con corazón perdonador y limpio de

rencores, es un ejemplo a seguir; el usó la desgracia de su vida como algo bueno para su bienestar y la de los demás, comprendiendo que

"No hay mal que por bien no venga".

En lo secular, tengo un recuerdo que impactó mi vida y que viene al tema: "Un amigo llamado Juan, tuvo una entrevista de trabajo, a la que asistió entusiasmado porque sabía que estaba calificado para el cargo, por lo cual se sentía muy optimista. A pesar de eso, no le dieron el cargo, por lo que cayó en depresión, porque estaba pasando por grandes necesidades. Pero, en días posteriores recibió una nueva y mejor oferta de empleo y antes de finalizar el día, después de la entrevista le dieron el cargo con muy buen sueldo y mejores beneficios laborales" ¿Qué reacción tendrías si a tu vida llega, inesperadamente, una situación adversa, amarga, triste, dolorosa, dura de digerir? ¿Cómo la procesarías en tu mente y corazón?

Base bíblica:

Romanos 8:28 *"Y sabemos que para los que aman a Dios, todas las cosas obrarán juntamente para su bien, para los que conforme a su propósito son llamados".*

Filipenses 4:12–13 *"Sé vivir humildemente, y sé tener abundancia; en todo y por todo estoy enseñado, tanto para estar saciado como para tener hambre, tanto para tener abundancia como para padecer necesidad. Todo lo puedo en Cristo que me fortalece".*

Mateo 7 13 *"Entrad por la puerta estrecha, porque ancha es la puerta y espacioso el camino que lleva a la perdición, y muchos son los que entran por ella. Porque estrecha es la puerta y angosto el camino que lleva a la vida, y pocos son los que la hallan"*

Conclusión: El dicho "No hay mal que por bien no venga". No es para animar al conformismo ni al fatalismo, dando palmaditas al hombro con frases como "Si no te resulto esto o aquello es porque no era para ti; o no te convenía; o ya vendrá una cosa mejor, etc. Mas bien nos anima a confiar que Dios a sus hijos siempre los perfecciona para un buen propósito. Dice el verso **Romanos 8:28:** *"Y* sabemos que para los que aman a Dios, todas las cosas obrarán juntamente para su bien, para los que conforme a su propósito son llamados". La aplicación del beneficio post desgracia no tiene que ser necesariamente un bienestar material, físico, económico, etc. La bendición por recibir se refiere a algo más valioso mayor y sublime relacionado con el propósito eterno de Dios.

Dice el texto que nosotros los llamados Sus hijos sabemos que *"todas las cosas obran para bien"*, y no se refiere solo a "las cosas buenas"; sino que también debemos esperar que nos sucedan "cosas malas", ya que ninguno estamos exento de dificultades en la vida, como dijo Jesús en **Juan 16:33** *"Estas cosas os he hablado para que en mí tengáis paz. En el mundo tendréis aflicción; pero confiad, yo he vencido al mundo"*. Entonces, esta promesa no quiere decir que Dios va a quitar el sufrimiento de hoy para reemplazarlo por algo bueno el día de mañana, ni que todo sufrimiento en el fondo tiene algo bueno.

Es una nota de esperanza para recordarnos que, en me-dio del dolor, Dios trabaja tanto con las situaciones buenas y las malas para que operen para nuestro bien y el verdadero bien es perfeccionar nuestro carácter hasta que estemos con Él, como dice **Filipenses 1:6** *"El que comenzó en ustedes la buena obra, la perfeccionará hasta el día de Cristo Jesús"*.

Cuando la historia de tu vida se vuelve negra, mira a lo alto y pídele a Dios que te ayude a ver la Providencia de Dios en acción. Él puede convertir tu situación dolorosa en algo grandioso para tu vida, los tuyos y tu entorno para bendecir a otros como lo hizo con José de Egipto, Noemí, Job, etc.

Anima a otros a entregar su dolor, desgracias y aflicciones presentes para Que Dios las use para su gloria, porque "**No hay mal que, por bien, no venga**".

¿Qué te parece si nos ayudamos e interactuamos un poco para aprender mutuamente, dándome tu opinión acerca de este refrán? Si deseas aplícale el cuestionario de "**análisis breve**".

a. ¿Qué significa?

_____

_____

b. ¿Qué condición del corazón refleja este dicho o esta frase?

_____

c. ¿Es buena o mala esta declaración para mí y los míos?

_____

d. ¿Debo repetir este refrán? Sí ( ) No ( )

e. ¿Qué debo decir para revertir la declaración negativa?

_____

_____

16

EL QUE CON LOBOS SE JUNTA A AULLAR APRENDE

Interpretación: *El que con lobos se junta a aullar aprende,* es un refrán español que advierte la importancia de seleccionar la clase de personas con que nos relacionamos, ya que tendemos a aprender cosas buenas o malas de ellas y con ellas. Esta frase nos debe llevar a una reflexión seria sobre la importancia de ser influenciados, pero también el influenciar a otros. Algunas variantes del refrán son: "Dime con quien andas y te diré quién eres", "El que anda entre la miel, algo se le pega".

Análisis: Este dicho usa la figura de los "lobos", que son animales mamíferos, carnívoros, familia de los Cánidos, a la que pertenecen también los perros, coyotes, zorros, etc. Los lobos son feroces, no ladran, sino que emiten aullidos o sonidos agudos según su estado emocional; por ejemplo, cuando se sienten solos, con hambre, felices, cuando una hembra pare, un lobo aúlla para convocar al festejo a los demás, quienes se unen haciendo un coro largo y profundo de aullidos. Y a eso se refiere aquello de "juntos a aullar aprenden."

Los lobos representan a las personas y el término aullar a las actitudes, comportamientos, costumbres, hábitos, etc. que se aprenden con la convivencia o interrelación entre los seres humanos y que influyen mucho a tener buenas o malas consecuencias a futuro.

A veces se aprende a aullar, imitando inconscientemente lo que otros hacen para no desentonar con el grupo, el ambiente o las personas, para "seguir la corriente" (como tomarse un traguito o darse un toquecito de humo), Está muy de moda, no solo "unirse a lobos" en forma personal, sino también por redes sociales con los llamados retos o desafíos contagiantes que terminan a veces con finales trágicos; como los jóvenes que se tiran desde puentes o cabalgan sobre trenes; o mujeres que toman pócimas para bajar de peso o rejuvenecer por cirugías estéticas que han llevado a la muerte a muchas.

También es encomiable, apreciar todo lo bueno que logramos cuando nos unimos a personas o grupos que nos ayudan a mejorar en los estudios, a ser más responsables en el trabajo; a mejorar la salud practicando deportes; o a salir de adicciones o vicios como los grupos de apoyo; es decir "Gente que nos sume y no nos reste", con las que aprenderás a "dejar de aullar" como lobo rapaz y a desarrollar excelentes hábitos de buenas costumbres y éxitos en la vida.

Ejemplos: Mefiboset, fue hijo de Jonathan, que a su vez era hijo del rey Saúl o sea que Mefiboset era nieto del Rey Saul. Cuando su abuelo fue destronado, tuvo la desgracia de quedar invalido en la huida desde muy temprana edad. Siba, el siervo del palacio crio a ese bebé en una forma miserable en una aldea donde sobrevivía arrastrándose por las calles mendigando pan, por lo cual la gente le llamaban "perro" con mucho desprecio; lo cual el también repetía y así se consideraba. El Rey David cuando se entera de su existencia, lo mandó a traer al palacio para restituirle sus derechos como hijo de su mejor amigo Jonatan y descendiente real. ¿Y qué creen? Mefiboset también había aprendido a aullar igual que los lobos que rodearon su vida, auto etiquetándose como "perro muerto"; el Rey tuvo que cambiarle el chip de su mente y le dijo "¡Tú eres hijo de Rey!"

En cambio, Natanael, un judío incrédulo, fue llamado por Felipe a conocer a Jesús, y había aprendido a aullar conforme a la incredulidad de los otros judíos que negaban que el Mesías ya había llegado. Sin embargo, cuando se unió con sabios dejó su lenguaje de (aullar) escepticismo e incredulidad y honró al maestro, cuando se juntó con la verdadera manada que hablaban palabra de verdad y vida. **Juan 1:46** *"Y Natanael le dijo: ¿Puede algo bueno salir de Nazaret? Ven, y ve, le dijo Felipe";* cuando Natanael vio a Jesús, lo reconoció y respondió **Juan 1:49** *"Rabí, Tú eres el Hijo de Dios, Tú eres el Rey de Israel"* ¡Qué impresionante cambio!

¡Hay esperanza! Dios nos dio **libre albedrío** y con Su ayuda podemos dejar las malas actitudes y resistir las presiones o insinúaciones de juntarnos a aullar con lobos, para ser buena influencia y ayudar a que otros dejen de andar con manadas equivocadas y se junten con quienes hablamos el verdadero lenguaje de la vida: Adorar y alabar al Creador.

Base bíblica:

1 Corintios 15:33 *"Las malas compañías dañan las buenas costumbres".*

Proverbios 13:20 *"Camina con sabios y te harás sabio; júntate con necios y te meterás en dificultades".*

Efesios 4: 29 *"Ninguna ªpalabra corrompida salga de vuestra boca, sino la que sea buena para la necesaria edificación, a fin de que dé gracia a los oyentes".*

Romanos 12: 2 *"No os adaptéis al mundo, sino sed transformados por la renovación de la mente, para que comprobéis cuál es la voluntad de Dios: Lo bueno, lo aceptable y lo perfecto".*

Conclusión: Desde niños escuchamos de nuestros padres y mentores, la expresión: ¡Cuidado con quien te juntas! Es importante saber escoger amigos, ya que de alguna manera ejercen influencia en nuestra vida sea para bien o para mal. Los padres debemos poner especial atención con quienes se reúnen nuestros hijos, sobre todo si son menores de edad. Aún nosotros, los adultos podemos ser arrastrados a malas costumbres como dice **1 Corintios 15:33** *"Las malas compañías dañan las buenas costumbres"* No hay que dejarse llevar por la presión social, y simplemente hay que saber decir que «**No**» cuando parezca que una amistad no nos va a traer nada bueno. Analiza bien si tus amigos te motivan a crecer, a ser mejor. Si ellos te ayudan en tu buena relación con Dios: a ser buen hijo, trabajador, estudiante, etc. entonces vale la pena; lo contrario, escapa por tu vida.

¿Qué te parece si nos ayudamos e interactuamos un poco para aprender mutuamente, dándome tu opinión acerca de este refrán? Si deseas aplícale el cuestionario de "**análisis breve**".

a. **¿Qué significa?**

_____

b. **¿Qué condición del corazón refleja este dicho o esta frase?**

_____

c. **¿Es buena o mala esta declaración para mí y los míos?**

_____

d. **¿Debo repetir este refrán? Sí ( ) No ( )**

e. **¿Qué debo decir para revertir la declaración negativa?**

_____

_____

17

QUíEN A BUEN ARBOL SE ARRíMA BUENA SOMBRA LE COBíJA

Interpretación: Este refrán se refiere a los beneficios y ventajas que se pueden obtener de fomentar las buenas relaciones interpersonales. También aconseja que es conveniente y ventajoso tener protectores poderosos. Es un refrán popular español aparece en las obras literarias de Miguel de Cervantes y de Mateo Alemán. Otra versión dice: "Quien tiene padrinos se bautiza y el que no, pues se queda moro".

Este dicho anima a que siempre busquemos personas, instituciones, empresas de excelencia para recibir buena orientación o ayuda. Es una recomendación para que las personas se mantengan cerca o se arrimen a y mantengan buena amistad con alguien que tiene poder con la intención de contar con su ayuda cuando necesites sean trámites como nombramientos, algún cargo, asesoría o buenos consejos y, sobre todo, buen ejemplo de vida, etc., que sin influencias probablemente no lo lograrían.

Análisis: Para una clara comprensión, el refrán "Quien a buen árbol se arrima, buena sombra lo cobija", combina términos ilustrativos, como la figura del "Buen árbol", que refiere a una persona o institución poderosa y protectora. El verbo "Arrimar" indica acercarse a algo o a alguien. "Sombra" expresa la protección que se recibe. Y "Cobijar" es amparo, refugio, seguridad y confort.

¡Qué agradable y confortable es colocarnos bajo la sombra de un árbol grande y frondoso en un día muy caluroso y soleado! Esa sensación de confort es la que el refrán ilustra en sentido figurado para referirse a la buena costumbre de interrelacionarnos con personas inteligentes, trabajadores, emprendedores, cuya influencia positiva nos ayude a tener una buena vida. Como les decimos en Ecuador, mi país: tener "un buen padrino o una palanca".

No hay que irse al lado opuesto, ejemplo: Conozco personas que no toman en cuenta, ignoran o desestiman a personas que viven en lugares sencillos o humildes; que no tienen buenos trabajos, incluso ni buena apariencia, los consideran "don nadie", que no aportan a sus intereses de arribar. Por eso, es bueno también aclarar el otro enfoque de este refrán, para que no se confunda la motivación de recibir ayuda a mirar a las personas para fines egoístas en que se usan como un medio solo para trepar, sin afecto sincero, sino para recibir, lo que hace que muchas personas desprecien a quienes no son importantes ni influyentes. A esas personas se llaman "interesados" o "arribistas". Es indiscutible que las personas con quienes nos relacionamos y el entorno donde nos movemos ejercen gran influencia sobre nuestras vidas, sea para bien como para mal. Seamos sabios para saber relacionarnos con quienes nos inspiran, ayudan y edifican.

Ejemplo: En lo secular, oímos y vemos como algunas personas han llegado a realizar sus sueños con la ayuda de buenos inversores. O que logran conseguir la exoneración de multas, merced a algún amigo o familiar que labora en una oficina de dicha administración. O deportistas, que triunfan en la competencia por buenos entrenadores, etc. ¡Y eso está muy bien!

Salomé, la madre de Santiago y Juan, hijos de Zebedeo, en una ocasión le pidió a Jesús un lugar de honor para sus hijos en su futuro reino. *"Entonces se le acercó la madre de los hijos de Zebedeo con sus hijos, postrándose ante El y pidiéndole algo. Y Él le dijo ¿Qué deseas? Ella le dijo: Ordena que en tu reino estos dos hijos míos se sienten uno a tu derecha y el otro a tu izquierda"* **Mateo 20:20-21.** Su corazón no pudo discernir el verdadero Reino y lo que realmente Jesús les podía dar y solo pensó en el "aquí y ahora". Su interés materialista fue solo temporal.

Rut, una joven mujer moabita, se acogió a la seguridad que brindaba su anciana suegra judía Noemí, pues ella adoraba al Dios verdadero. **El ladrón en la cruz** vio la oportunidad de alcanzar salvación y le dijo a Jesús, que lo llevara a su Reino. **Juan, el discípulo amado** siempre se arrimó literalmente al pecho del Maestro y fue el primero y único discípulo que tuvo el privilegio de ver a Jesús resucitado, adelantando la visión en Apocalipsis, de lo que será su 2ª venida o retorno. Juan miró una visión del resucitado, ascendido y glorificado Jesucristo, a quien describe como "uno semejante al Hijo del Hombre" símbolo de Cristo, el Santo, que viene para depurar sus iglesias, y para castigar a los que están persiguiendo a sus escogidos.

Además, a Juan, el Señor le da un mensaje de seguridad, de que no tema, y que nosotros tampoco temamos, pues Dios está en control en medio del aparente caos que se ve en dicha visión, ya que nuestra esperanza está en Él. Le encargó también que escribiera la visión para el beneficio de los creyentes en Dios. Juan vio tantas cosas: como el Reino de Dios con un nuevo cielo y una nueva tierra; a la Nueva Jerusalén descender del cielo. También vio que Dios morará con los de Su pueblo y los consolará, y que la ciudad Celestial de Dios será establecida sobre la tierra. ¡Qué hermoso regalo, invalorable galardón y privilegio para un hombre sencillo y humilde que supo arrimarse y cobijarse bajo la sombra del Árbol de la Vida: Jesús!

Base Bíblica:

Salmo 91:1-4 *"El que habita al abrigo del Altísimo, morará bajo la sombra del Omnipotente. Diré yo a Jehová: Esperanza mía, y castillo mío; mi Dios, en quien confiaré. Él te librará del lazo del* *cazador, de la peste destructora. Con sus plumas te cubrirá, y debajo de sus alas estarás seguro; escudo y adarga es su verdad".*

Rut 1:16-18 *"Tu pueblo será mi pueblo, y tu Dios mi Dios. Donde tú murieres, moriré yo, y allí seré sepultada; así me haga Jehová, y aun me añada, que solo la muerte. hará separación entre nosotras dos".*

Mateo 7:17-18 *"Así todo buen árbol da buenos frutos; más el árbol malo da malos frutos. No puede el árbol bueno dar frutos malos, ni el árbol malo dar frutos buenos".*

Apocalipsis 22:2 *"En medio de la calle de la ciudad, y a uno y otro lado del río, estaba el árbol de la vida, que produce doce frutos, dando cada mes su fruto; y las hojas del árbol eran para la sanidad de las naciones".*

Juan 15:5 *"Yo soy la vid, vosotros los pámpanos; el que permanece en mí, y yo en él, éste lleva mucho fruto; porque separados de mí nada podéis hacer".*

Conclusión: Debemos tener cuidado en elegir la cobertura de un buen árbol, a veces nos dejamos impresionar por no tan buenos árboles, como pretendientes sin verdaderos valores, instituciones aparentemente lujosas y seguras. Hay árboles espinosos que, en vez de dar sombra nos pueden desgarrar y herir; por eso es importante discernir la clase de árbol que elegimos, porque a veces ponemos nuestra felicidad en peligro por mala elección de la pareja con quienes nos casamos. La seguridad de nuestros niños las ponemos en peligro, porque los confiamos bajo el cuidado de personas psicópatas, o sin principios, que podrían hacerles mucho daño.

Actualmente también hay una necesidad urgente de encontrar protección segura, no solo personal, sino a nivel general. Ejemplo: Se ha desatado una ola de terrorismo, crímenes, delincuencia en ciudades grandes y en los pueblos pequeños; las noticias hablan de tiroteos, explosiones, como consecuencia de pugnas políticas, narcotráfico, etc. predominando la inseguridad en todo lado, que la gente vive con zozobra y temor tratando de encontrar protección en las fuerzas armadas, policía, autoridades sin hallarla y viven turbados.

Por eso y mucho más, así como los árboles dan sombra y alivio, Dios nos ofrece seguridad en ÉL, quien dice: "Mi paz os dejo y mi paz os doy". Ahora es el tiempo de buscar el Verdadero y el Único amparo, dice el refrán que "Quien a buen árbol se arrima, buena sombra le cobija". Alcemos los ojos a los montes porque nuestro socorro viene del que hizo los Cielos y la Tierra. ¡¡No estamos desamparados!! Cuando buscamos a Dios, el Señor, y no solo nos arrimamos por interés, sino que le permitimos entrar a nuestro corazón, automáticamente su sombra nos cobija y nos da seguridad, paz, y protección. Te recomiendo que te arrimes al árbol el Olivo Silvestre para que encuentres esa buena sombra que buscas y que no solo te dará protección personal, sino también a tu familia y comunidad, como Dios nos promete en el **Salmo 91** y a la humanidad como prometió a Juan en Apocalipsis.

¿Qué te parece si nos ayudamos e interactuamos un poco para aprender mutuamente, dándome tu opinión acerca de este refrán? Si deseas aplícale el cuestionario de "**análisis breve**".

a. **¿Qué significa?**

_____

b. **¿Qué condición del corazón refleja este dicho o esta frase?**

_____

c. **¿Es buena o mala esta declaración para mí y los míos?**

_____

d. **¿Debo repetir este refrán? Sí ( ) No ( )**

e. **¿Qué debo decir para revertir la declaración negativa?**

_____

_____

18

QUÍEN MUCHO ABARCA POCO APRIETA

Interpretación: "*Quien Mucho Abarca Poco Aprieta*" es un refrán que significa que quien pretende realizar muchas cosas al mismo tiempo; no será capaz de hacer, desarrollar o cumplir a cabalidad con pocas o con ninguna otra actividad. Es una advertencia y recomendación para que nos concentremos en el número de tareas que podamos atender de acuerdo con nuestras capacidades, y no intentar resolver demasiadas cosas a la misma vez, que luego no podamos atender o resolver debidamente. Actuar irreflexivamente conlleva el peligro de caer en estado de ansiedad por lograr hacer o tener más que los demás. También usan la frase: "La avaricia rompe el saco", o "Despacio se anda lejos" o "De grano en grano, la gallina llena el buche" o "No por mucho madrugar, se amanece más temprano". En inglés, hay una versión que dice: "he who grasps at too much loses everything" (El que se aferra a demasiado, pierde todo) y otra también: "if you run after two hares you Will catch neither" (Si corres detrás de dos liebres no atraparás ninguna).

Análisis: Quien vive tratando de abarcar mucho podría ser una señal de que trata de llamar la atención para lograr aceptación. Como también podría ser una señal de soledad o vacío interior, tratando de llenarlo con actividades. En todo caso el actuar de esa manera podría ser un signo de alarma que denota algún desajuste emocional o de otra índole. Esta declaración está relacionada con la ambición, la ansiedad, la avaricia y la avidez. Por tanto, no es saludable para el cuerpo y el alma ocuparnos de asuntos que exceden nuestra capacidad real.

Muchos hemos tratado de obtener o hacer muchas cosas a la misma vez: trabajos, bienes materiales, trofeos, mascotas, diplomas, carreras; y al final nos hemos visto frustrados porque a veces no llegamos a lograr el objetivo. La salud mental, emocional y física se puede deteriorar; muchos pierden el cabello, se llenan de acné, caen en insomnio, estrés, lo peor que la costumbre se hace progresiva porque cada vez se quiere obtener más y más, cayendo en **compulsión**, (obsesión, inclinación, pasión vehemente por algo o alguien). Porque llega un momento que nada satisface esa hambre o glotonería de tener y obtener que muchas veces no es por necesidad, sino deseo incontrolable de acumular cosas que a veces ni se necesitan ni se usan.

Ejemplo:

Lucas 12: 13- 21, se refiere la parábola que Jesús contó a sus discípulos acerca de un hombre muy rico, pero insensato, o sea que no sabía pensar con cordura ni sabiduría; quien estaba muy afanado para producir más y fabricar más bodegas para guardar sus frutos, pese que ya tenía muchos graneros acumulados, pero quería guardar más y más en las bodegas para disfrutar en su vejez, pese a que no tenía descendientes que le hereden. Entonces, Dios le dijo *"Necio, esta noche vienen a pedirte tu alma; y lo que has provisto, ¿de quién será? Así es el que hace para sí tesoro, y no es rico para con Dios"*.

Y así fue como esa misma noche murió y sus riquezas acumuladas se le escaparon de las manos. La pregunta es: ¿Logró abrazar por lo que luchó con afán toda su corta vida?

Este síndrome puede afectar a personas de cualquier raza, género o condición social e incluso personas de fe. Lo digo por mí, que, por mucho tiempo, ya siendo cristiana, fui una compradora compulsiva de ropa, calzado y en especial de libros tanto seculares de Química y Ciencias, como enciclopedias cristianas, libros, diccionarios, audio de predicaciones y llené un cuarto de mi casa. Casi no los leía y creo que más del 50% de ellos ni siquiera llegue a abrirlos o escuchar nunca. Por posteriores mudanzas y viajes tuve vez tras vez con mucha tristeza que donar y regalar cosas por montones, pero, aun así, no aprendía y seguía acumulando, hasta que Dios me ensenó que acumular era signo de codicia.

Entonces llegó el día que, con corazón alegre regalé lo que era mi tesoro y créame que aún me quedan cosas que tengo y que sigo eliminando, experimentando la bendición de quedar ligera de carga y con la autoridad de decirte hoy que **no** trates de abarcar mucho y que vivas bendecido sin ansiedad ni afán.

Base bíblica:

Filipenses 4:6-7 *"Por nada estéis afanosos; antes bien, en todo, mediante oración y súplica con acción de gracias, sean dadas a conocer vuestras peticiones delante de Dios. Y la paz de Dios, que sobrepasa todo entendimiento, guardará vuestros corazones y vuestras mentes en Cristo Jesús".*

Mateo 6:27 *"¿Y quién de vosotros, por ansioso que esté, puede añadir una hora al curso de su vida?"*

Lucas 12:16-17 *"También les refirió una parábola, diciendo: La heredad de un hombre rico había producido mucho. Y él pensaba dentro de sí, diciendo: ¿Qué haré, porque no tengo dónde guardar mis frutos?".*

Mateo 6:34 *"Por tanto, no os preocupéis por el día de mañana; porque el día de mañana se cuidará de sí mismo. Bástele a cada día sus propios problemas"*.

Conclusión: Aclaro que este dicho **no** es un llamado a ser conformistas, ni a dejar de superarnos en la vida. Pablo nos dejó un ejemplo de vivir luchando por alcanzar una meta, llegar a obtener el premio de terminar y cumplir su llamado, para lo cual aprendió a resignarse a vivir conforme le presentaba la vida sea con mucho o con poco. **Filipenses 4:12-13** *"Sé lo que es vivir en la pobreza y lo que es vivir en la abundancia. He aprendido a vivir en todas y cada una de las circunstancias, tanto a quedar saciado como a pasar hambre, a tener de sobra como a sufrir escasez"*. **Ojo**: No confundir Resignación con Conformismo. ¡¡Recuerda que a veces perdiendo (aparentemente), se gana!!

Cuando nosotros nos llenamos de cosas o nos involucramos en muchas actividades y no marcamos metas claras en nuestras vidas, vendrá el momento que no podremos rendir ni hacer bien ninguna. Vivimos un mundo competitivo que cada vez exige obtener más cosas para dizque ser felices; a tal punto que el consumismo nos lleva a comprar más y a volvernos compradores compulsivos, terminando muchas veces con menos de lo que se debe tener: estresados, ansiosos, preocupados, endeudados, pagando altos intereses a las tarjetas de crédito, bancos, etc.

Seamos realistas y pensemos un ratito ¿Para que necesito 2 o 3 carros? ¿20 pares de zapatos si solo tengo un par de pies? O ¿5 perros y 6 gatos? De ahí el dicho: "El que mucho abarca poco aprieta". Mejor organicémonos y centrémonos en metas definidas y ahí sí invertir todas nuestras fuerzas, capacidades, y recursos para alcanzar y mantener la paz y la corona de la vida *¡Entrega tus cargas y afanes al señor y ten paz!* **Mateo 6: 22-31**.

¿Qué te parece si nos ayudamos e interactuamos un poco para aprender mutuamente, dándome tu opinión acerca de este refrán? Si deseas aplícale el cuestionario de **"análisis breve"**.

a. ¿Qué significa?

_____

_____

b. ¿Qué condición del corazón refleja este dicho o esta frase?

_____

c. ¿Es buena o mala esta declaración para mí y los míos?

_____

d. ¿Debo repetir este refrán? Sí ( ) No ( )

e. ¿Qué debo decir para revertir la declaración negativa?

_____

_____

19

EL QUE RIE AL ÚLTIMO, RIE MEJOR

Interpretación: El refrán "El que ríe al último, ríe mejor", se refiere a la alegría que se siente cuando las personas logran llegar a una meta deseada. También se usa para recomendar no cantar victoria antes de tiempo; es decir alegrarnos prematuramente antes de finalizar algo con éxito, ya que la vida da muchas vueltas y quien hoy se cree un triunfador, puede que al llegar al final se lleve la sorpresa de un cambio inesperado: por lo que el refrán es también una alerta a la soberbia.

También se emplea para festejar la alegría experimentada cuando se termina algo con éxito. El dicho se usa también con frecuencia cuando alguien alcanza una meta soñada desde hacía mucho tiempo, mientras que sus rivales se le adelantaban o mientras que era criticado por su empeño.

Análisis: Este refrán se usa en diferentes circunstancias. Como elogio, o como estímulo para animar a no abandonar la lucha. También se enuncia como consuelo a quien ha sido humillado o vencido injustamente. Además, se usa como sentencia de venganza al oponente y esperanza para el actual perdedor que a futuro lo vera caer bajo su aplastante victoria. En este caso, es parecido a la versión: "La venganza es dulce" o al dicho "La venganza es un plato que se come frío". Otras variantes de este dicho, "El que ríe el último, ríe con más ganas", "El que ríe al último ríe dos veces".

Base Bíblica:

Mateo 5:4 *"Bienaventurados los que lloran, pues ellos serán consolados"*.

Salmo 2:4 *"El que mora en los cielos se reirá; El Señor se burlará de ellos"*.

Salmo 31: 25 *"Fuerza y honor son su vestidura, y se ríe de lo porvenir"*.

Salmos 126:2 *"Entonces nuestra boca se llenará de risa, y nuestra lengua de alabanza; Entonces dirán entre las naciones: grandes cosas han hecho Jehová con estos"*.

Salmo 126:6 *"Irá andando y llorando el que lleva la preciosa semilla; más volverá a venir con regocijo, trayendo sus gavillas"*.

Ejemplo: Hay un refrán que me gustaba mucho; mi mamá lo decía y que a su vez yo como abuela ahora se lo digo a los nietos: "El que ríe al último ríe mejor". Vamos a aplicarlo a una historia de la Biblia acerca de una mujer con un pasado vergonzoso, un presente doloroso y con un futuro incierto. Esta mujer era muy criticada, rechazada, infeliz, menospreciada y deseada a la misma vez por muchos. Ella sabía bien en sus adentros el tipo de vida desordenada que había llevado, por lo que era muy mal vista por la gente. De tal manera que vivía en guardia, a la defensiva y a la ofensiva contra todo y contra todos; pues de esa manera enmascaraba su debilidad y creía que se protegía de las agresiones de los demás.

blo. Ella acostumbraba a ir al pozo cuando caía la tarde, cuando las otras mujeres no estaban allí para evitar encuentros y conflictos entre ellas. Una tarde se encontró con un hombre judío que nunca había visto en el pueblo. Este hombre tomo la iniciativa de hablar con ella para pedirle agua; ella un poco agresiva le recuerda de la antigua rivalidad entre judíos y samaritanos.

Pero, ese hombre Jesús, no se inmuta con la provocación, y le dice que Él puede darle agua viva y nunca más tendría sed. Y ella trata de seguir polemizando y ridiculizando al varón y sacando diferentes temas de historia y de teología para demostrar que a pesar de todo era una mujer que sabía las cosas de Dios y que no era ignorante.

Más el Señor continúa la conversación porque quería primero sanar su interior para poder llegar a su corazón. Y le pregunta sobre su marido; y ahí puso el dedo en la llaga; la mujer se siente turbada y Jesús no lo avergüenza, ni se burla, ni se ríe de ella, no la desprecia como ella esperaba que lo haga y el Señor le expone a la mujer con ternura su pasado: quien nuevamente trata de desvirtuar la idea y entra al tema de Adorar a Dios, ahora Jesús le ministra el espíritu y le explica que Dios busca corazones que le adoren en espíritu y en verdad. Con lo que le ratifica el Señor a esta mujer que no está ahí para escarbar su pasado, sino que le interesa su corazón.

Ella no puede más y sale a buscar a los hombres del pueblo y los dirige hacia el pozo, gritando y riendo feliz porque había encontrado un profeta, quien acababa de limpiar y borrar su vergonzoso pasado. Ahora también quiere compartir esa bendición porque sabe que aquellos hombres también eran pecadores y necesitaban perdón porque necesitaban beber esa agua viva y el perdón de Dios para poder adorar con limpio corazón.

Ese día aquella mujer se convirtió en la primera evangelista, en el sencillo escenario alrededor de un pozo, donde Dios atrajo hacia él, primero a los hombres, las cabezas del hogar y la familia. Ella se hizo a un lado para que el Señor levante a los que tal vez tropezaron y cayeron con ella mismo, que a lo mejor fue la piedra de tropiezo de muchos y ahora ella los ayuda a levantar. Jesús sonríe y ella también hizo a un lado para que el Señor levante a los que tal vez tropezaron y cayeron con ella mismo, que a lo mejor fue la piedra de tropiezo de muchos y ahora ella los ayuda a levantar. Jesús sonríe y ella también con una nueva sonrisa como jamás había sonreído, no con burla o sarcasmo, sino de triunfo por qué; **El que ríe al último ríe mejor**. Posiblemente antes muchos se rieron de ella, o muchos se burlaron, pero ahora ella les devuelve una limpia sonrisa de felicidad y plenitud porque el Señor la había convertido en una verdadera adoradora.

Te invito a que abras tu corazón al Señor, a que bebas del agua de la cual jamás tendría sed, sin importar cuán terrible haya sido tu pecado; no importa cuántas cosas hayas hecho: a lo mejor has abortado, o has cometido robos, estafas, mentiras, falta de perdón, etc.

El Señor te está llamando como a esa mujer y te dice "bebe de mi agua". Abre tu corazón al Señor Jesús y dile gracias por invitarme a tomar tu agua vive para que de mi interior corran ríos de agua viva que atraerán a otros también a beber de ti. No importa que hayas llorado mucho en el pasado, ahora ríe por qué; **El que ríe al último ríe mejor** ¿Sabes por qué? ¡Porque ahora ríes con Cristo!

Conclusión: Todos pasamos por momentos de aflicciones, luchas y a veces la vida es una competencia donde se nos acelera el miedo, el temor y a veces hasta nos decae la fe y esperanza. Dios siempre ríe, es alegre y feliz. Él nos hizo a su imagen y semejanza y nos ha dejado como legado "la risa" como antídoto de la tristeza, para disipar los miedos.

La risa es una medicina para el alma y el cuerpo, Si por algún motivo estamos llorando, no pensemos que tenemos un fin sin esperanza, sino que tenemos una esperanza sin fin. Él nos ha dado Su Hijo y Su Palabra la que abre nuestros oídos, nos habla y dice: Ríe conmigo hoy, ya que pronto nos reiremos como nunca y para siempre, pues **"El que ríe al último, ríe mejor"**.

¿Qué te parece si nos ayudamos e interactuamos un poco para aprender mutuamente, dándome tu opinión acerca de este refrán? Si deseas aplícale el cuestionario de "**análisis breve**".

a. ¿Qué significa?

_____

_____

b. ¿Qué condición del corazón refleja este dicho o esta frase?

_____

_____

c. ¿Es buena o mala esta declaración para mí y los míos?

_____

_____

d. ¿Debo repetir este refrán? Sí ( ) No ( )

e. ¿Qué debo decir para revertir la declaración negativa?

_____

_____

20

NO TODO LO QUE BRILLA ES ORO

Interpretación: "No todo lo que brilla es oro". Este refrán significa que no hay que confiarse de las apariencias; o sea de lo que se ve a primera vista, porque puede presentar unas cualidades agradables, pero en el fondo, no podría ser que esas cualidades o habilidades sean verdaderas. En otras palabras: No todo lo que parece bueno en realidad lo es, y que esas cosas que creemos maravillosas, en muchas ocasiones no lo son tanto, porque podrían internamente entrañar algún mal, engaño o malicia. Este refrán es muy útil para advertir el peligro de dejarse llevar por las apariencias, pues puede llevar a grandes decepciones o heridas del alma. En otras palabras "No confiar en las apariencias".

Este dicho lo cita Shakespeare, en su obra: "El mercader de Venecia". Otras versiones de este mismo dicho son: "No juzgues a un libro por su portada" o "Las apariencias engañan". "No todo es color de rosa" o "Caras vemos corazones no sabemos".

Análisis: Algunos refranes o dichos populares usan al oro como ejemplo en alguna enseñanza. Y tal vez hemos escucha que dicen: "No todo lo que brilla es oro" o "No es oro todo lo que reluce". **El oro**, siempre ha sido muy cotizado por sus propiedades: color, su perdurabilidad, su distinción, sus cualidades ornamentales y por su brillo, lo cual le da un valor económico alto y codiciable; tanto que el tesoro nacional de muchos países está respaldado por la reserva de oro en sus arcas.

Pero existe también un material llamado **Oropel**, que no es otra cosa que un símil del oro, parecido pero inferior. Y por sus características externas nos podría llegar a confundir por lo que nuestros ojos ven a simple vista, como si fuese realidad. El mensaje nos sugiere que 'No confiemos" en lo que las personas dicen o aparenta ser, para evitarnos tristes desilusiones, grandes decepciones, frustraciones cuando descubramos que lo que parecía ser, no era.

Ejemplo: Cuando Abraham le dio a elegir a su sobrino Lot, el territorio donde le gustaría establecerse con su familia, Lot escogió lo mejor, aparentemente: una llanura fértil, con abundante agua, una tierra paradisiaca, el clima perfecto; y al ver esa maravilla, Lot se deslumbró por todo lo hermoso que sus ojos vieron y escogió lo mejor, sin analizar que ese terreno era zona vecina de corrupción y maldad, cerca de Sodoma "habitada por malos y pecadores contra Jehová" **(Genesis 13:12, 13);** y que posteriormente fue la causa de dolor y desintegración de su familia. *"Y alzó Lot sus ojos, vio toda la llanura del Jordán, que toda ella era de riego, como el huerto de Jehová, como la tierra de Egipto en dirección de Zoar, antes que destruyese Jehová a Sodoma y Gomorra. Entonces Lot escogió para sí toda la llanura del Jordán; y se fue Lot hacia el oriente, y se apartaron el uno al otro"* **Genesis.13:10, 11**.

En lo secular podemos ver que a veces la belleza de un artista o modelo nos hace pensar que él o ella es perfecta, pero en su interior puede ser una persona llena de malos sentimientos, odio y envidia.

La tendencia actual virtual de hacer relaciones con personas que nos parecen sinceras y encantadoras, pero que nos pueden engañar y ocasionar desastres emocionales, sentimentales, financieros, etc. porque la verdad puede ser diferente. Por tanto, debemos ser muy cautelosos en escoger relaciones, negocios, etc. pues a veces las apariencias engañan. La Biblia advierte sobre esto y nos explica que los ojos pueden engañarnos fácilmente. **Salmos 115:5** *"Tienen boca, y no hablan; tienen ojos, y no ven"*

Base bíblica:

1 Samuel 16:7 *"Y Jehová respondió a Samuel: No mires a su parecer, ni a lo grande de su estatura, porque yo lo desecho; porque Jehová no mira lo que mira el hombre; pues el hombre mira lo que está delante de sus ojos, pero Jehová mira el corazón"*.

Proverbios 14:15: *"El ingenuo cree todo lo que le dicen; el prudente se fija por dónde va"*.

1 Pedro 3:3-4 *"Que la belleza de ustedes no sea la externa, que consiste en adornos tales como peinados ostentosos, joyas de oro y vestidos lujosos. Que su belleza sea más bien la incorruptible, la que procede de lo íntimo del corazón y consiste en un espíritu suave y apacible. Ésta sí que tiene mucho valor delante de Dios"*.

Mateo 6:23 *"Pero si tu ojo está malo, todo tu cuerpo estará lleno de oscuridad. Así que, si la luz que hay en ti es oscuridad, ¡cuán grande será la oscuridad!"*.

Conclusión: Recordemos que no es lo mismo ver, mirar y observar. Tenemos que considerar las ofertas de trabajo que se nos presentan, aparentemente excelentes, pero pueden estar relacionados con actividades ilícitas o demandan mucho tiempo fuera de casa y lejos de la familia. Debemos tener precaución con los pretendientes, aunque de buena apariencia, pero sus principios y valores son diferentes a los tuyos. Hay cosas que podrían ser excelentes y buenas, pero que podría acarrear malas consecuencias a futuro, porque **"No todo lo que brilla es oro"**.

Se debe enfocar la mirada en la verdadera luz que brilla para alumbrar y no en la que deslumbra y enceguece; mantén la mirada en la dirección de Dios y Su Palabra, y no te dejes guiar por tus ojos, nuestros ojos son engañosos. Ser prudentes y estar alerta para no creer en **todo** lo que nos muestran o nos dicen. Que tus ojos no te engañen y que no te deslumbre el falso brillo del oropel. Piensa y analiza bien y mira bien para que no seas estafado y burlado en tu ser integral.

¿Qué te parece si nos ayudamos e interactuamos un poco para aprender mutuamente, dándome tu opinión acerca de este refrán? Si deseas aplícale el cuestionario de "**análisis breve**".

a. **¿Qué significa?**

_____

_____

b. **¿Qué condición del corazón refleja este dicho o esta frase?**

_____

_____

c. **¿Es buena o mala esta declaración para mí y los míos?**

_____

_____

d. **¿Debo repetir este refrán? Sí ( ) No ( )**

e. **¿Qué debo decir para revertir la declaración negativa?**

_____

_____

21

NO DEJES PARA MAÑANA LO QUE TIENES QUE HACER HOY

Interpretación: "No dejes para mañana lo que puedas hacer hoy", es un refrán que nos motiva a ser diligentes en realizar las tareas. A veces tendemos a aplazarlas; lo cual nos podría convertir en negligentes. Este dicho motiva a tomar la iniciativa de aprovechar bien el tiempo. Es una expresión de la sabiduría antigua que ha sido transmitida a través de los siglos, por el filósofo romano Marco Aurelio (121-180 d.C.) quien habló de la importancia de no posponer las tareas importantes.

También se le atribuye **a** Benjamín Franklin (1706-1790), en su obra "El Camino de la riqueza".

Este es un refrán que nos invita a abandonar la pereza y a valorar el tiempo porque e cuando se va, no regresa; ser diligente nos enseña también a darle tiempo al tiempo. El refrán "**No dejes para mañana lo que puedas hacer hoy**" se utiliza para transmitir la idea de que es mejor completar una tarea o responsabilidad tan pronto como sea posible, en vez de aplazarla o dejarla para otro momento. Posponer, postergar o aplazar una tarea a realizar es lo contrario al refrán en mención y a esta acción en español se denomina "**procrastinación**" o el verbo "**procrastinar**". Una versión de este refrán es también: "El tiempo no vuelve atrás".

Análisis: Este refrán es una exhortación para no esperar el después; sino hacerlo ahora, y no esperar a más adelante; luego puede ser demasiado tarde. La satisfacción de tener resuelta una gestión da paz, descanso y tiempo para hacer otras cosas. Dios nos da los recursos: habilidades, inteligencia, fuerzas, sabiduría según la edad, género, etc. para que seamos responsables ¡No hay excusas!

Mientras más pronto resolvamos cualquier asunto o problema, mucho mejor: así ganaremos tiempo para aprovechar en hacer otras cosas, nos sentiremos con energía y vitalidad, multiplicará nuevas capacidades para pensar, crear y realizar nuevos proyectos.

No caigas en procrastinación o aplazar alguna tarea por falta de motivación o falta de enfoque. Te puede llevar a al aumento del estrés y la ansiedad. No perdamos el tiempo, porque el tiempo es fugaz y una vez que se va no vuelve.

El otro lado de la moneda es que también no debemos apresurarnos demasiado por no enfocarnos bien; y por eso hagamos mal las cosas llevándonos a caer en ansiedad. La antítesis de este refrán es: "Mucha carrera trae cansancio" o "No por más madrugar, amanece más temprano".

Ejemplos: Isaías es el mejor ejemplo de diligencia que podemos encontrar, ya que cuando Jehová pregunta ¿A quién enviaré…? Él contesta: *"Heme aquí, envíame a mi"* de manera casi inmediata. *Isaías 6:8 "Y oí la voz del Señor que decía: ¿A quién enviaré, y quién irá por nosotros? Entonces respondí: Heme aquí; envíame a* *mí".*

Gedeón fue un juez de Israel que Dios escogió para una misión especial. Él fue el encargado de liderar a un pequeño ejército de 300 hombres en la batalla contra los madianitas. Los madianitas eran tiranos y robaban, arruinaban las cosechas y mataban constantemente los animales de los israelitas. El ejército de Israel ganó con una táctica muy peculiar aun cuando eran mucho menos numerosos que el de sus enemigos. Gedeón siguió las instrucciones que Dios le dio y consiguió guiar al pueblo a la victoria. La orden fue: *"Ve con la fuerza que tienes, y salvarás a Israel del poder de Madián. Yo soy quien te envía"* **Jueces 6:14**.

Pero, primero el Señor lo probó a Gedeón para evaluar si era diligente y obediente para realizar hoy y no mañana la orden de destruir imágenes de dioses falsos y un altar que su padre había dedicado a Baal. En su lugar debía construir un altar para el **Señor**. Gedeón pidió a 10 de sus siervos que lo acompañaran y fue por la noche a destruir el altar y a construir otro, tal como le había dicho el ángel del Señor. A pesar de su temor, Gedeón fue de noche porque le tenía miedo a los hombres que vivían en la ciudad, pero aun así cumplió con lo que se le había encomendado, con lo que se ganó la confianza del Señor. Lea Jueces capítulos 6 al 8. Gedeón no dejó para mañana lo que tenía que hacer hoy (esa misma noche).

Base Bíblica:

Proverbios 3:28 *"No dejes para mañana la ayuda que puedas dar hoy".*

Mateo 6:11 *"Danos hoy el pan nuestro de cada día".*

Eclesiastés 9:10 *"Todo lo que te viniere a la mano para hacer, hazlo según tus fuerzas; porque en el Seol, adonde vas, no hay obra, ni trabajo, ni ciencia, ni sabiduría".*

Lucas 1 38-40: *"Entonces María dijo: He aquí la sierva del Señor; hágase conmigo conforme a tu palabra. Y el ángel se fue de ella. En aquellos días, levantándose María, fue a la montaña con* *prisa, a una ciudad de Judá; y entró en casa de Zacarías y saludó a Elizabet.*

2 Samuel 1:7 *"Al mirar él hacia atrás, me vio y me llamó. Y dije: Heme aquí".*

Conclusión: Es importante enseñar a los niños desde pequeños el cumplir sus asignaciones escolares y hogareñas en el horario establecido y no acostumbrarlos al después lo hago; porque crecen y así van aprendiendo a postergar las responsabilidades, y con el tiempo se hacen adultos perezosos. Y eso va también para toda edad, sexo y raza ¡Hoy es el día para trabajar poniendo nuestro mejor y mayor esfuerzo, mañana tendremos menos preocupaciones y más tiempo libre! Ponle mente y corazón a tu tarea y pon manos a la obra como lo hizo Noé que cada día durante 120 años trabajó cada día y pudo completar el Arca que Dios le instruyó hacer con lo que Dios salvó a la raza humana del exterminio. **¡No dejes para mañana lo que puedes hacer hoy**!

¿Qué te parece si nos ayudamos e interactuamos un poco para aprender mutuamente, dándome tu opinión acerca de este refrán? Si deseas aplícale el cuestionario de **"análisis breve"**.

a. **¿Qué significa?**

_____

_____

b. **¿Qué condición del corazón refleja este dicho o esta frase?**

_____

c. **¿Es buena o mala esta declaración para mí y los míos?**

_____

d. **¿Debo repetir este refrán? Sí ( ) No ( )**

e. **¿Qué debo decir para revertir la declaración negativa?**

_____

_____

22

DE TAL PALO TAL ASTILLA

Interpretación: "**De tal palo, tal astilla**" es un refrán que refiere que las personas heredamos el físico, carácter, habilidades, etc. de los padres sea por transmisión genética o por imitación. Se puede aplicar también a todo lo que se parece a su origen, procedencia o entorno en el cual crecen o se crían.

Este dicho se usa para recalcar que los hijos se parecen a los padres, por lo que usan también la versión: "De tal padre, tal hijo", que significa que los niños a menudo actúan como sus padres. Se lo usa como un elogio o a veces como una censura; depende de la intención con que se lo dice sea para resaltar las acciones positivas o negativas que una persona desarrolla. Ejemplo: "Bueno y generoso como su papá"; "o Antipática y grosera como su abuela Doña Luisa".

Análisis: "De tal palo tal astilla", hace alusión al parecido físico y a las actitudes que el hijo hereda de su padre. "El refrán usa la comparación del desprendimiento o extracción de una pequeña parte, proveniente de algo más grande o mayor, que necesariamente tendrá propiedades similares de donde fue extraído. Ejemplo: Usan la figura de un pedazo de madera grande y cilíndrico, a lo que le llaman palo y de ahí sacan un fragmento irregular más frágil, al que llaman astilla. Obvio que la astilla desprendida de un palo tendrá las mismas características de este.

Por tanto, "De tal palo tal astilla", es una comparación que usan para enfatizar que los hijos son iguales a los padres, y muchos tratan de darle continuidad a este enunciado, diciendo "Y ojalá que esa astilla pueda hacerse palo con el tiempo"

Este dicho popular tiene sinónimos, tales como: "Hijo de tigre sale pintado", "Lo que se hereda no se hurta", "Cual el cuervo, tal el huevo", "Cuál es el padre, tal es el hijo", "Cual es la madre, así las hijas salen", "De tal árbol, tal rama".

Ejemplo: En la Palabra hay casos de hijos con conductas repetitivas de sus padres, unas buenas y otras malas. **Abraham** mintió diciendo que Sara era su hermana. Unos años más adelante vemos que la historia se repite: Isaac, el hijo de Abraham, años después dijo que su esposa, Rebeca, era su hermana.

Jesús, fue muy bien influenciado por la vida de su padre adoptivo terrenal un hombre ejemplar: **José**, que la gente lo identificaba a Jesús como el hijo del carpintero, en honor al buen testimonio que ese padre impregnó a su hijo.

Si lo vemos por el lado positivo, Dios puede revertir el legado negativo que muchos hijos heredaron de sus padres, porque hay casos de como Dios rompió con estos paradigmas espirituales o condenatorios; por ejemplo, en el caso de **Moisés**: Él era el hijo adoptivo del Faraón, por lo tanto, le correspondía maltratar al pueblo de Israel a quienes tenían como esclavos. Sin embargo, gracias a la dirección del Señor él pudo revelarse contra ese destino y ayudar a su pueblo.

¡Hay esperanza!

Base Bíblica:

Ezequiel 18:1-4 *"Vino a mí palabra de Jehová, diciendo: ¿Qué pensáis vosotros, los que usáis este refrán sobre la tierra de Israel, que dice: los padres comieron las uvas agrias, ¿y los dientes de los hijos tienen la dentera? Vivo yo, dice Jehová el Señor, que nunca más tendréis por qué usar este refrán en Israel. He aquí que todas las almas son mías; como el alma del padre, así el alma del hijo es mía; el alma que pecare, esa morirá".*

Ezequiel 18:20 *"El alma que pecare, esa morirá; el hijo no llevará el pecado del padre, ni el padre llevará el pecado del hijo".*

Conclusión: Este es un refrán que tiene mucha influencia sobre los hijos. La responsabilidad de los padres es dar buen ejemplo y educar bien a sus hijos para formar modelos positivos a futuras generaciones. Nuestro ejemplo es vital para que esa "astilla" refleje el buen "palo" de donde salieron. Y si el palo original fue un "mal palo" que repitió cosas negativas como vicios, locuras, crímenes, pecados, etc. de parientes antepasados, no tiene ningún poder, siempre y cuando acudamos a buscar la ayuda de Dios, quien nos dio a Jesús, y la Sangre de Cristo que es suficiente para redimir a la humanidad pecadora.

Las buenas noticias que nos da el refrán es que los seres humanos que fuimos creados a imagen y semejanza de Dios y que por causa del pecado perdimos la relación con Él y sus características, ahora tenemos la opción de recuperar la similitud con El, porque el Señor en su misericordia nos adoptó como sus Hijos por medio de Jesucristo, dándonos la identidad de Hijos, su legado y sus características, porque hemos sido redimidos, **Juan 1:12-13** *"Mas a todos los que le recibieron, a los que creen en su nombre, les dio potestad de ser hechos hijos de Dios; los cuales no son engendrados de sangre, ni de voluntad de carne, ni de voluntad de varón, sino de Dios".* Por tanto, hay esperanza para todo aquel que quiera dejar de ser astilla de un "mal palo" y ser la astilla del verdadero buen árbol.

Nos identificamos con los rasgos de Dios, Él es nuestro Papá.

Hay abundante gracia de Dios para que nuestros hijos no cometan los mismos errores que nosotros, como divorcios, borracheras, fracasos, etc. Jesús en su infinita gracia, libera de pecados ajenos a inocentes que no tienen por qué pagar planillas que no consumieron. Además, nosotros como padres no queremos hijos que sean una copia exacta de nuestros errores; anhelamos un futuro mejor para ellos, lleguen donde nosotros no llegamos y que sean mejores personas e Hijos de Dios.

¿Qué te parece si nos ayudamos e interactuamos un poco para aprender mutuamente, dándome tu opinión acerca de este refrán? Si deseas aplícale el cuestionario de "**análisis breve**".

a. **¿Qué significa?**

_____

_____

b. **¿Qué condición del corazón refleja este dicho o esta frase?**

_____

_____

c. **¿Es buena o mala esta declaración para mí y los míos?**

_____

_____

d. **¿Debo repetir este refrán? Sí ( ) No ( )**

e. **¿Qué debo decir para revertir la declaración negativa?**

_____

_____

23

Interpretación: "**Cerrar con broche de oro**", para algunos es un refrán para otros un modismo, que de manera simbólica significa cerrar o terminar una actividad pública como un evento, reunión, conferencia, gestión, graduación, etc. en forma feliz y brillante. También se acostumbra para concluir en forma esplendorosa un hecho extraordinario y sobresaliente. Algunos usan también la versión "Poner el broche de oro" o "Ponerle la cereza al pastel"

La figura del broche es símbolo de cerrar en forma segura, que se usa para sujetar las prendas de vestir. Se lo considera como una joya o un adorno, generalmente de metal. Se prefería de oro por su valor y se considera un lujo y elegancia tanto para hombres y mujeres, generalmente en el pecho para lucirlo como gala.

Análisis: Todos hemos empezado algún proyecto en la vida; a veces han sido planes muy ambiciosos, o muy difíciles que se han constituido en verdaderos retos o desafíos. Y muchas veces no hemos alcanzado a completar totalmente la carrera, la dieta, el ahorro para comprar una casa o vehículo, etc. y nos hemos sentido decepcionados, tristes o disgustados. Otras veces hemos retomado el proyecto. O hemos cambiado la meta, tal vez por una más realista. O hemos adaptado el plan a nuestras capacidades y debilidades. En todo caso, todos hemos querido hacer algo y hacerlo bien.

Cuando nos propusimos arrancar para llegar, sin abandonar y luchar contra viento y marea y pudimos llegar, no pudimos evitar llorar y reír, y sobre todo dar gracias a Dios que en su bondad siempre nos estimuló a terminar lo empezado y terminarlo con perfecto acabado. Muchas veces hemos necesitado consejos, dirección y ayuda de familiares, mentores y amigos, que con sus sabios consejos estuvieron alentándonos para llegar con éxito a la meta.

Que apoteósico recibimiento, cuando podemos decir: Llegue bien y mostramos a Dios y a los demás el preciado galardón. Como dice **Proverbios 16:3** *"Pon en manos del Señor todas tus obras, y tus proyectos se cumplirán"*. Pero para ello hay que reprogramarse integral y mentalmente y sobre todo colocar en las manos de Dios la aspiración, confiar en su guía y disponerse a obedecerle.

Ejemplo: Noé es un personaje bíblico, digno de imitar por su determinación, firmeza, confianza en Dios, obediencia y perseverancia. Trabajó para el futuro, y aunque jamás había visto llover, ni tenía idea de construcción, empezó y terminó porque tenía una meta, una visión y gran diligencia para trabajar. No le detuvo su edad y se propuso hacer algo prometedor para su vida y la de muchos.

Noé fue muy criticado y burlado, a lo que hizo caso omiso y proseguía día tras día haciendo su trabajo de calidad y con excelencia para que la obra perdure y soporte los contratiempos. Se rodeó de gente que compartieron su visión y le ayudaron a cumplir su objetivo. Este patriarca anciano, no se desesperó por la lentitud de su cuerpo y su dificultad para movilizar su cuerpo y los materiales que tuvo que acarrear por 120 años. Noé era perseverante.

Siempre confió en Dios, su líder aun cuando no entendía el plan. Pero sabía que, de un Dios bueno, solo puede venir lo bueno. Y que detrás de esa tormenta también había algo más bueno aun, y no se equivocó, pues **Dios** cerró con broche de oro, esa proeza, pintándole en el cielo El Arco iris precioso con el que hizo un Pacto Universal no solo para Noé y su familia, sino para toda la humanidad.

Jesús, es el más grande de los célebres que sellaron su misión con "Broche de Oro" ¡Y que Tarea! entregar su vida por la humanidad. Frases dichas en la cruz, como "**Consumado es**"; es un tremendo cierre apoteósico. Él iba cerrando ciclos y capítulos de los acontecimientos grandes de su exitosa labor y misión, como ejemplo: Ser recibido en el cielo. Ser sentado en el trono y recibir un nombre sobre todo nombre por el cual se dobla toda rodilla.

Sume a eso la incontable muchedumbre de gente con la que compartió su éxito y más aun lo que lo hace único, diferente y el más grande de los grandes es que **ese broche de oro** no lo exhibe solamente Él, sino que lo compartió con cada uno de nosotros. Broche con el que nos hace sentir su triunfo como si fuera nuestro, nos llama "Más que vencedores". Por tanto, no aflojemos la carrera de la fe, tenemos que perseverar hasta el fin para poder recibir el máximo galardón, que nos muestra por adelantado en el Apocalipsis. La palabra **Amen** es el broche de oro refulgente que cierra con brillo la feliz inauguración del Reino de Dios en la tierra ¡Y ahí estarás tú y estaré yo!

Base bíblica:

Mateo 5:16 *"Así brille vuestra luz delante de los hombres, para que vean vuestras buenas acciones y glorifiquen a vuestro Padre que está en los cielos".*

Proverbios 16:3 *"Encomienda tus obras al SEÑOR, y tus propósitos se afianzarán".*

2 Crónicas 15:7 *"Mas vosotros, esforzaos y no desmayéis, porque hay recompensa por vuestra obra"*.

Eclesiastés 9:10 *"Todo lo que tu mano halle para hacer, hazlo según tus fuerzas; porque no hay actividad ni propósito ni conocimiento ni sabiduría en el Seol adónde vas"*.

Filipenses 1:6 *"estando convencido precisamente de esto: que el que comenzó en vosotros la buena obra, la perfeccionará hasta el día de Cristo Jesús"*.

Jeremías 29:11 *"Porque yo sé los planes que tengo para vosotros declara el SEÑOR planes de bienestar y no de calamidad, para daros un futuro y una esperanza"*.

Conclusión: Hoy cierro con broche de oro después de algunos años de espera llenos de pruebas y dificultades; con problemas de salud, en la ancianidad con temporadas de lagunas y confusión mental, con limitaciones físicas para desenvolverme por mí misma, etc. Pero siempre con la motivación de querer dar una ofrenda al Señor y a la humanidad como gratitud al Todopoderoso Dios por haberme salvado a mí y a mi casa. Puse en las manos de Dios este proyecto que nació en su corazón y animada con la motivación de unos hermanos que me animaron a hacerlo en forma virtual primero y que después sentí hacerlo en forma escrita.

Me ha costado esfuerzo, a veces cansancio, pero a medida que se gestaba el proyecto con do-lores de parto, le decía a mi Señor: **"No te daré nada que no me cueste"**, como dijo el Rey David. Le doy toda la honra y créditos a mi **Señor Dios y Padre Celestial.** Hoy miércoles 23 de agosto del 2023 concluyo esta pequeña y sencilla obra en la que plasmo la transformación que el Señor hizo y continúa haciendo desde que me encontró y me redimió. Él me hizo crecer y rejuvenecer interiormente mientras envejecía exteriormente; hoy la sabiduría que dan las canas las pongo al servicio del Rey con la esperanza que mis experiencias de errores, fracasos y éxitos de mi joventud y adultez, edifique a las familias y nuevas generaciones. **El Broche de Oro** es de Él y para Él.

Hago mío este versículo como un sello para mi vida; doblo mis rodillas y cabeza ante Él, y le entrego esta sencilla ofrenda, reconociendo con humildad que Él da las fuerzas y talentos y a Él debe volver, tal como lo dice el Señor en **Deuteronomio 8:17-18** *"No se te ocurra pensar: "Esta riqueza es fruto de mi poder y de la fuerza de mis manos".* Recuerda al Señor tu Dios, porque es Él quien te da el poder para producir esa riqueza" ¡Aleluya!

¿Qué te parece si nos ayudamos e interactuamos un poco para aprender mutuamente, dándome tu opinión acerca de este refrán? Si deseas aplícale el cuestionario de **"análisis breve"**.

a. **¿Qué significa?**

_____

b. **¿Qué condición del corazón refleja este dicho o esta frase?**

_____

c. **¿Es buena o mala esta declaración para mí y los míos?**

_____

d. **¿Debo repetir este refrán? Sí ( ) No ( )**

e. **¿Qué debo decir para revertir la declaración negativa?**

_____

_____

EPILOGO

Uno de los propósitos de este libro es el de analizar el poder positivo o negativo detrás de los refranes populares y de este modo asumir la responsabilidad para controlar las palabras que decimos ya sea por medio de canciones, poemas, discursos, etc. y específicamente por los dichos, refranes y proverbios de corte popular que irreflexivamente declaramos a veces.

Otro de los propósitos que inspiró el título de este libro "**Conversando con la Abuela**", es justamente apreciar el rol de los abuelos, valorar y aprovechar la sabiduría de su experiencia. Recuperar el dialogo familiar para entrelazar generaciones con amor y respeto.

Para algunos analizar los refranes populares a la luz de la palabra de Dios, podría parecer algo insignificante, pero recordemos que Dios está muy interesado en querernos instruir para que con la palabra que sale de nuestro corazón y boca, hablemos el **Lenguaje del Reino**. Y nos exhorta a poner muchísima atención a lo que estamos hablando y confesando, porque con nuestra boca traemos vida a nuestro hogar, a nuestro presente y futuro; a nuestros sueños, a la labor de nuestras manos. O podemos traer el estancamiento del propósito perfecto de **Dios** para nosotros y para todo lo que nos rodea.

El creyente que pone su confianza en Dios, **Vivirá por la Fe**; ya que la vida se sustenta por la Palabra que se habla día a día. *"Comerás el fruto de tus palabras confesadas"*. La Escritura declara en **Proverbios 18:20-21** que seremos saciados de la cosecha que se produce de lo que hablamos en todo tiempo sea bueno o malo ¡Entonces, aprendamos a hablar bien! ¡Nos conviene! *"El justo por la fe vivirá"* **Habacuc 2:4**.

En la Biblia están las instrucciones de Dios que son sus juicios rectos, leyes verdaderas, estatutos y mandamientos buenos, para nuestro bien. Dios en su infinita sabiduría y conocimiento del pasado, presente y futuro, sabe lo que no nos conviene, lo que nos aleja de vivir en victoria. Por Su Amor, nos dejó Su Palabra escrita para instruirnos en el camino en que debemos andar para que nos vaya bien en todas las áreas de la vida (**Salmos 1:1-3, 3 Juan 2**). Y nos envió el Espíritu Santo a morar en nuestros corazones para enseñárnoslos, recordárnoslos, empoderárnoslos para que podamos cumplirlos, y ponerlos por obra, porque nos ama y desea lo mejor para nosotros.

En resumen: Aprendamos y reaprendamos a hablar y hablar bien, porque nuestras palabras revelan la fe que tenemos. Porque nuestras palabras revelan lo que hay en nuestro corazón, revelan lo que somos, creemos y sentimos, porque, así como la Palabra de Dios nos revela cómo es Dios, de igual forma nuestras palabras revelan nuestro carácter, nuestra forma de ser. Y que muchos de los refranes repetidos irreflexivamente han acarreado atrasos a la humanidad por medio de las palabras ociosas que han sido soltadas ignorantemente e impulsadas como proyectiles con el ímpetu poderoso de la lengua.

¿Podremos afrontar este reto? La palabra de Dios nos enseña que **si** podemos domar la lengua y **si** podemos revertir el daño que con nuestras palabras ociosas hemos hecho durante siglos por no santificar nuestras palabras y lo hacemos a diario por tradición, costumbre, imitación, repetición, etc. porque "Como decía mi mamá" y muchos de estos dichos, o refranes han ido corriendo de boca en boca atando a la gente y matando proyectos, sueños, destinos y propósitos; y otros han dado dirección y consejo a la vida y a situaciones que todos experimentamos alguna vez.

Sabemos que el hombre es un ser formado de tres partes: cuerpo, alma y espíritu. Por tanto, muchos refranes atacan o edifican a una de esas partes, por ese motivo una vez más te invito a analizar y revisar juntos algunos conocidos refranes para determinar con la ayuda del Espíritu Santo en qué áreas de nuestra vida afecta lo que decimos. Y entonces decidamos o dar vida o matar.

Doy gracias a **Dios** que nos instruye día a día y nos anima a ejercer Su poder delegado, para cambiar nuestros pensamientos y ser quienes debemos y queremos ser. Tenemos mucha tarea por hacer. Gracias, amigos y hermanos. Te animo a que nos unamos al reto con optimismo y gozo porque todos tenemos el poder de cambiar poco a poco nuestra manera de pensar, de hablar, de actuar y de vernos victoriosos a nosotros mismos.

DESPEDIDA Y RECOMENDACIÓN

He pasado un tiempo estupendo escribiendo estos consejos para ti. Gracias por compartir estos mensajes de vida. Por favor compártelos con tu familia, nietos en especial y amigos ¡Hasta pronto! No puedo despedirme sin antes, a manera de un pequeño resumen, recordarte que:

- Las palabras controlan tu Vida.
- Tú debes y puedes controlar tus Palabras.
- Las Palabras delatan lo que hay en tu corazón
- Las Palabras te traen éxito o fracaso.
- Eres responsable de lo que dices.
- Lo que dices, lo recibes (efecto bumerang).
- Tus palabras pueden edificar o derrumbar.
- Si no puede decir algo bueno, o no sabes ni entiende lo que dices: mejor quédate callado.
- Trata siempre de hablar por Fe.
- Las Palabras de **Dios** en tu boca y corazón son armas espirituales, ¡Úsalas siempre!

Siga mis redes sociales y vea mis videos con mensajes cortos de *Conversando con la Abuela*:

Canal de Youtube: @PastoraBarahona-cc9vz
Facebook: Pastora Barahona
Instagram: instagram.com/barahonapastora

Para contactarme lo puede hacer a través de:

593Ministerio911@gmail.com
victoriarosario411@gmail.com

Hasta pronto: La Abuela

INVITACION

Si hay alguien que está interesado en que los seres humanos tengan abundante vida feliz es Dios. Él quiere que su ADN, su imagen y semejanza se mantenga en los hombres y que sean dadores de vida. Y para ello nos dio a lo que más amaba a Su Hijo, para que tengamos vida eterna, como dice **Juan 3:16-17** *"Porque de tal manera amó Dios al mundo, que ha dado a su Hijo unigénito, para que todo aquel que en él cree, no se pierda, más tenga vida eterna. Porque no envió Dios a su Hijo al mundo para condenar al mundo, sino para que el mundo sea salvo por él"*. Es necesario que recuperes tu identidad de Hijo-a de Dios y para ello es necesario que aceptes a Jesús en tu corazón, que es el único camino que nos lleva al Padre.

Juan 1:12 dice *"Mas a todos los que le **recibieron**, a los que **creen en su nombre**, les dio potestad de ser **hechos hijos de Dios"**.*

Este versículo enfatiza dos pasos importantes para ser hecho Hijo de Dios: **1. Recibir y 2. Creer.**

Empiezo con el paso #2. Te pregunto **¿Tú crees en Dios?** Seguro que vas a decir que Si, porque casi todas las personas creen, ¡Perfecto! Significa que tienes el 50% recuperada tu identidad.

Ahora vamos al paso #1. **¿Quieres recibir a Jesús en tu corazón para que seas Hijo de Dios Padre? Si ( ) No ( ).**

¡Perfecto! Si lo recibiste significa que tienes el 100% asegurada la recuperación de tu identidad. Entonces ya tienes el ADN de **Dios** y vas a empezar a hablar como Él, el lenguaje del Reino. Empieza haciendo una oración diciéndole a Tu Padre Celestial tu decisión de fe. Repite por favor.

***Padre, Dios Eterno**, que estas en los Cielos, hoy vengo ante ti para decirte que reconozco que soy pecador, que he hecho lo malo delante de tus ojos desde el principio, y que estoy arrepentido de mis malas obras y deseo que perdones todos los pecados que he cometido. Muchas gracias, **Padre** por enviar a tu único hijo por mí.*

*Estoy ante ti para recibir a **Jesús en mi Corazón**, a quien le entrego mi corazón y mi vida. creo en mi corazón que tu enviaste a tu único hijo **Jesús** a la tierra para morir por mí en una cruz, y que su sangre limpia todos mis pecados. Te confieso que acepto al **Señor Jesucristo** en mi corazón como el **Señor y Salvador de mi Vida**.*

*Gracias **Señor** por tu Salvación, gracias porque diste tu vida por mí, muriendo en una cruz. y cargaste en ti todos mis pecados, mis enfermedades, mis castigos. No tengo nada de valor, solo mi corazón y mi vida, y hoy te la doy a ti **Señor Jesús**, para que me cambies y ayudes para que yo pueda servirte y amarte, todos los días de mi vida ¡Tuya sea la gloria, la honra y la alabanza! en el nombre de **Jesús**! ¡**Amen y Amen**!*

Ahora como Hijo de Dios eres una nueva criatura y Dios va a ir haciendo cambios radicales en tu vida; como familia de Dios vas a empezar a hablar Su idioma como Él con Palabras de vida. ¿Quieres ser bendecido para también bendecir a otros? ¿Quieres hablar vida y no muerte? Vas a tener cambios en la manera de pensar, en la forma de hablar, actuar y de vivir. Eso significará que recuperaste tu identidad. ¿Estás pensando: ¿Me está diciendo que ahora me parezco a Jesús? Pues Si. A veces pensamos que Jesús pudo hacer todas estas cosas porque Él era **Dios**, pero Jesús nos dijo que las obras que Él hizo nosotros también vamos a poder llevarlas a cabo, incluso mayores. *"De cierto, de cierto os digo: El que en mí cree, las obras que yo hago, él las hará también; y aún mayores hará, porque yo voy al Padre"*. **Juan 14:12.**

ANOTA LA FECHA QUE HICISTE TU DECISION DE FE:

Mes - - - - - - - - **Dia** - - - - - - - - **Año** - - - - - - - - -

NOTA: Recuerda que hoy volviste a nacer y que ahora tu nombre está inscrito en los Registros del Cielo o Libro de la Vida, como constancia de tu Nuevo Nacimiento o Nuevo Comienzo. **Apocalipsis 3:5** *"Así el vencedor será vestido de vestiduras blancas y no borraré su nombre del libro de la vida, y reconoceré su nombre delante de mi Padre y delante de sus ángeles".*

También esta invitación se extiende a todos aquellas personas que no se habían percatado de la gran bendición que **Dios** les dio como les da a sus hijos y que han mal usado o no usado las llaves de bendición que tenemos como herencia de nuestro Padre, para que retomen su posición de hablar bien para sí mismos y para su entorno. Renueva tu lenguaje, empieza a hablar el Lenguaje de Amor, Gozo, Restauración, Animo, Corrección, etc. como Anunciadores de Buenas noticias, Pregoneros de Justicia, Atalayas, etc. Que para eso nos redimió el **Señor**, nos Bendijo para Bendecir. **2 Corintios 5:17** dice *"De modo que, si alguno está en Cristo, nueva criatura es; las cosas viejas pasaron; he aquí todas son hechas nuevas"*. Pídele perdón a **Dios**. Deja la errada manera de hablar y corrige tu forma de hablar. Haz tu Giro en U y Avanza. ¡Aún hay tiempo! Ora.

ORACIÓN: Padre Amado, perdóname por la ignorancia al hablar palabras que no edifican, que han traído dolor y desgracia porque mi corazón estaba vacío de tus promesas. Hoy te pido que como a Isaías toques mi boca para que perdones las insensateces que he dicho. Te ruego remuevas la basura que tengo acumulada en mi corazón. Dame la oportunidad de usar tu Palabra para amar, animar, aconsejar, disciplinar en justicia y hacer reverdecer lo marchito. ¡Úsame como canal de bendición y que mi boca se llene de alabanza a tu nombre, Amen!

Romanos 10:9-10 *"Que, si confesares con tu boca que **Jesús es el Señor**, y creyeres en tu corazón que Dios le levantó de los muertos, serás salvo. Porque con el corazón se cree para justicia, pero con la boca se confiesa para salvación"*.

Mateo 15:11 *"No es lo que entra en la boca del hombre lo que lo hace inmundo y contaminado, sino lo que sale de la boca; esto ensucia al hombre y lo contamina"*.

Isaías 6:7 *"y con él tocó mi boca, y dijo: He aquí, esto ha tocado tus labios, y es quitada tu iniquidad y perdonado tu pecado"*.

Salmo 126:2 *"Entonces nuestra boca se llenará de risa, y nuestra lengua de alabanza. Entonces dirán entre las naciones: Grandes cosas han hecho Jehová con estos"*

BIBLIOGRAFIA

Believers.org. (s.f.). El poder de la palabra hablada. Obtenido de http://www.believers.org

Biblioteca Virtual. (s.f.). Miguel de Cervantes.

Concordancia eletrónica. (s.f.). Concordancia de la Biblia.

Dios Habla Hoy. (s.f.). *Biblia* (2nd edición ed.).

Enciclopedia Larousse. (s.f.). *Diccionario*.

Galeano, D. S. (s.f.). *El poder de los decretos*.

Henrry, M. (s.f.). *Comentario Biblico*.

Meyer, J. (s.f.). *Cambias tus palabras y cambia tu vida*.

Meyer, J. (s.f.). *Esta boca mía*.

Nueva Version Internacional. (1960). *Biblia*.

Nueva Versión Internacional. (s.f.). *Biblia de Estudio Arquológica*.

Pérez, M. (s.f.). *El peligro de los refranes*.

Reina Valera. (1960). *Biblia*.

Reina Valera. (1960). *Biblia Ryrie*.

Significados.com. (s.f.).

Traducción Lenguaje Actual. (s.f.). *Biblia*.

Univisión. (s.f.). Como dice el dicho, Programa de TV.

Wiki Pedía. (s.f.). Enciclopedia.

Le invitamos a ser parte de los seguidores de nuestro programa, donde podrá ver y escuchar de la propia Abuela: Refranes, Anécdotas, Dinámicas y reflexiones.

PROGRAMA:

Canal de YouTube: @PastoraBarahona-cc9vz

Facebook: Pastora Barahona

Made in the USA
Columbia, SC
10 November 2024